土地征收

核心原理与规范适用

阎 巍——著

法律出版社 LAW PRESS · CHINA

北京

图书在版编目(CIP)数据

土地征收核心原理与规范适用／阎巍著. -- 北京：法律出版社，2023(2024.1 重印)
ISBN 978 - 7 - 5197 - 7931 - 3

Ⅰ. ①土… Ⅱ. ①阎… Ⅲ. ①土地征用－研究－中国 Ⅳ. ①F321.1

中国国家版本馆 CIP 数据核字(2023)第 084883 号

土地征收核心原理与规范适用
TUDI ZHENGSHOU HEXIN YUANLI YU GUIFAN SHIYONG

阎 巍 著

责任编辑 慕雪丹 章 雯
装帧设计 汪奇峰 臧晓飞

出版发行 法律出版社
编辑统筹 法商出版分社
责任校对 赵明霞
责任印制 胡晓雅
经　　销 新华书店

开本 A5
印张 8.125　**字数** 160 千
版本 2023 年 9 月第 1 版
印次 2024 年 1 月第 2 次印刷
印刷 永清县金鑫印刷有限公司

地址：北京市丰台区莲花池西里 7 号(100073)
网址：www.lawpress.com.cn
投稿邮箱：info@lawpress.com.cn
举报盗版邮箱：jbwq@lawpress.com.cn
销售电话：010 - 83938349
客服电话：010 - 83938350
咨询电话：010 - 63939796

书号：ISBN 978 - 7 - 5197 - 7931 - 3　**定价**：69.00 元

作者简介

阎　巍

吉林大学法学博士（民商法方向），中国人民大学法学博士（比较法方向），中国社会科学院法学博士后（行政法方向）、副研究员，长期致力于行政审判理论研究和审判实务，参加多部法律和司法解释的修订起草工作。获得全国模范法官、全国法院办案标兵、中央国家机关优秀共产党员、中央国家机关最受欢迎法治人物等荣誉称号。著有《行政诉讼证据规则——原理与规范》等专著及合著多部，在《法学家》《中国土地科学》等核心刊物发表论文数十篇。

推 荐 语

在土地公有制框架下，土地征收制度提供了以权力配置土地资源的重要途径。全面依法治国，建设社会主义法治国家，需要立基于权利保障视角，用中国道理总结好土地征收的中国经验，把中国经验提升为土地征收的中国理论。阎巍法官基于丰富的裁判经验，展开了敏锐的理论洞察之旅，就土地征收原理与规范适用，提炼出了有学理性的新理论，概括出了有规律性的新实践，向我们清晰地展示了中国实践激发的中国智慧，中国智慧对中国实践的有效回应。

——蔡立东

吉林大学法学院教授、博士生导师

阎巍博士的专著在运用学术界近年来土地征收方面的经典理论成果解决具体问题方面做了有益探索，期待不断产出更多的研究成果。

——沈开举

郑州大学法学院教授，中国法学会行政法学研究会副会长，
河南省政府参事，曾任政协第十三届全国委员会委员

公共利益是征收制度理论逻辑与规范适用之内核，也是法治国家的共识。我国2020年依法颁布实施的部委规章《土地征收成片开发标准（试行）》已完成它的首轮使命。我深以为，成片开发实证折射的权力与权利存在太多的博弈，值得理论、裁判和立法的持续叩问警醒。本书作者是学者型年轻法官，他的认知维度，为我们提供了深度思考征收制度的一次良机。

——陈小君

广东外语外贸大学土地法制研究院教授、博士生导师

目录

第一章

公共利益理论与土地征收决定

我国《宪法》第十三条第三款规定，国家为了公共利益的需要，可以依照法律规定对公民的私有财产实行征收或者征用并给予补偿。《民法典》第二百四十三条第一款规定，为了公共利益的需要，依照法律规定的权限和程序可以征收集体所有的土地和组织、个人的房屋以及其他不动产。《土地管理法》第四十五条中规定，为了公共利益的需要，满足法定情形确需征收农民集体所有的土地的，可以依法实施征收。据此，公共利益成为我国土地征收的唯一合法性动因。那么，究竟何为“公共利益”，如何在理论和实践上判断是否属于公共利益，就成为土地征收领域十分重要的问题。

一、为什么必须为了“公共利益”

（一）“公共利益”的政治合法性

从政治学的角度来看，将公共利益作为国家征收权行使的目的，是征收制度政治合法性的需要。社会契约论是解释现代征收制度的一个重要理论工具。18 世纪以来，社会契约论对政府、国家、权力的来源进行了重新阐释，站在人民主权理论的基础上，其把个人权利让渡的合意视为政府国家产生的基础，全体人民的意志就是国家的主权。由此，公共利益就成为包括征收在内的一切国家权力的源泉，国家只有基于公共利益判断问题并在此基础上动用权力才是正当的。征收是国家动用公权力对公民财产权的限制，这种限制的本质是社会成员个人权利的转移，是面对社会整体的发展进步时个体必须作出的必要限度的牺牲。同时，政府（公权力）有可能会偏离公共利益轨道，背离公共利益宗旨，因此，为了防止政府滥用征收权，就必须对其作出严格的限制。否则，征收权将披着合法的外衣行侵害私人财产权益之实。[①] 征收目的的公益性就当然地成为限制国家征收权的理论基点。

（二）"公共利益"的经济必要性

从经济学的角度来说，通过公共利益来限制私人权利，是社会经济运行的必要方式。土地征收往往因为其用途的特定化而必须在特定区域实施。当政府不得不征收特定区域内的土地时，土地权利人凭借其对土地的物权就会形成"卖方市场"，从而居于经济上的"垄断"地位。这意味着其可以凭此以远高于土地自身价值的价格来要求补偿。对此，如果要求政府与土地权利人如同市场交易一样完全自由协商，结果就是要么难以达成一致，土地开发被迫放弃，要么政府支付远高于正常价格的补偿，而这些超支部分最终将会由全体纳税人来承担。因此，在征收过程中，以公共利益之名赋予政府强制性的权力，可以降低成本，减少纳税人的负担，同时节省时间，提高效率。[②]

---

① 参见宋志红：《中国农村土地制度改革研究：思路、难点与制度建设》，中国人民大学出版社2017年版，第331页。

② 参见国务院法制办公室国际司编：《政府法制对外交流成果汇编》（一），中国法制出版社，第68页。

（三）"公共利益"的现实需要性

从我国的现实国情出发，将公共利益作为土地征收的动因，符合我国土地改革的初衷。土地征收长期以来是我国农村土地参与工业化、城镇化，进入城市建设用地市场的唯一合法途径。在这一过程中，政府垄断了城市土地一级市场，并在土地出让过程中获得了显著的增值收益。[①] 截至 2019 年，全国土地出让总收入达到了 7.6 万亿元，占地方财政总收入的 41.8%。[②] "土地财政"和"以地谋发展"的经济模式成为改革开放以来各地经济快速发展的重要原因之一。然而，近年来这种发展模式逐渐遇到了严峻的挑战。从农村角度来看，以牺牲农村发展为代价的城市化和工业化导致城乡差距不断加大，农业弱质化，农村空心化，农业用地尤其是耕地红线一再被突破等问题，使国家粮食安全、经济安全、社会安全受到严重威胁。从农民角度来看，土地征收透明度、参与度较低，补偿标准不高，导致农民对征地项目普遍缺乏认同感，甚至产生抵触情绪。2011 年，73% 的农民上访和纠纷都与土地有关，其中 40% 的上访涉及征地纠纷问题，而征地纠纷问题中的 87% 涉及征地补偿和安置。[③] 21 世纪前 10 年，我国每年由征

---

① 参见唐健、谭荣、魏西云：《农村土地制度改革的中国故事：地方政府行为的逻辑》，北京大学出版社 2021 年版，第 161 页。

② 参见财政部，2019 年财政收支情况（http://www.gov.cn/shuju/2020-02/10/content_5476906.htm）。

③ 参见汝信等主编：《社会蓝皮书：2011 年中国社会形势分析与预测》，社会科学文献出版社 2011 年版。

地引发的纠纷达到400万件。[①] 从城市角度来看,“摊大饼”型的城市粗放扩张逐渐造成经济结构失衡和经济泡沫问题,地方政府为了简单快速地追求经济指标增长,通过土地抵押和政府债券等方式融资征地,为地方经济发展带来巨大风险。对此,党中央提出“新型城镇化”战略,将城镇化从侧重数量增长调整为规模与质量并重,同时提出“乡村振兴”战略,加大对“三农”的投入和保护,严格控制对农村土地,特别是农用地和耕地的占用。这一切,使“缩小土地征收范围,增加农民土地财产收入”成为新一轮土地改革的重点。“缩小土地征收范围”“增加农民土地财产收入”这两个目标的实现,都需要在公共利益这个问题上找到落脚点和平衡点。

二、公共利益的界定方式

(一)关于利益的界定

利益在《辞海》中被解释为好处,它阐释的是客体对特定主体的价值。霍尔巴赫(Holbach)指出:“人们所谓的利益,就是每个人按照他的气质和特有的观念把自己的安乐寄托在那上面的那个对象;由此可见,利益就只是我们每个人看作是对自己的幸福所不可缺少的东西。”[②]马克思主义则从认识论的高度指出,利益是社会化的需要,是人们通过一定的社会关

---

① 参见刘守英:《以地谋发展模式的风险与改革》,载《国际经济评论》2012年第12期。

② [法]霍尔巴赫:《自然的体系(上卷)》(第2版),管士滨译,商务印书馆1999年版,第259-260页。

系表现出来的需要。“所谓利益就是，一定的客观对象在满足主体需要时，在需要主体之间进行分配时所形成的一定性质的社会关系的形式。”①由此可见，利益作为一种主体需要，本质上源于主体所处的社会关系，社会关系的不同，内在地决定了人们看待别人、关照世界、发展意识及唤醒自我等思维方式的不同，进而决定了人们对特定事物的态度、价值和内在思维与感受的不同，最终使不同社会关系和维度中的主体对利益这一问题产生不同的认识。正因如此，根据不同的社会关系，利益被分为个体利益、群体利益、地方利益、社会利益、共同体利益和人类利益等。由此可见，人们所处的社会关系情况，或者说利益主体所处的社会环境，对于利益的内涵有决定性的影响。由此，决定“利益”来源范围的“公共”一词，就成为影响“公共利益”内涵的关键因素。

（二）关于公共利益的界定

关于如何确定“公共”的范围，传统的做法是以人数为标准来确定。如德国学者洛厚德（C. E. Leuthold）在《公共利益与行政法的公共诉讼》一文中提出，公益是一个相关空间内关系人数的大多数人的利益，换言之，这个地域或空间就是以地区为划分，且多以国家之（政治、行政）组织为单位。所以，地区内的大多数人的利益，就足以形成公益。至于在地区内，

① 王伟光：《利益论》，人民出版社 2001 年版，第 74 页。

居于少数人之利益，则被称为个别利益。[①] 德国学者纽曼（F - J. Neumann）在此基础上将“多数”改为“不确定多数”，提出公益是一个不确定多数人的利益，这个不确定的多数受益人就是公共的含义。换言之，以受益人之多寡的方法决定，只要大多数的不确定数目的利益人存在，即属公益。[②] 然而，很快就有人提出，“不确定少数”同样可能成为公共利益。例如，德国学者沃尔夫提出，“不特定多数人的利益”是公共利益的传统观念和制度运作，在现代，少数不确定的人的利益也可能是公共利益。[③] 因为“不特定少数人的利益符合社会发展的要求也可能是公共利益”[④]。至此，公共利益不再取决于数量的多寡，而是自身的品质，即其是否有利于特定社会的进步和生存状况的改善。这就使公共利益从一个相对客观的、可以衡量的标准上升为一个较为主观的、抽象的价值判断。众所周知，价值判断正确与否取决于是否符合多数人的理性。在现代国家，多数人的理性是以建立在直接或者代议制基础上的决议的形式表达出来的，其中最常见的就是国民代表机关的立法决议，而作为决议结果的法律也就成为公共利益的重要表达方式。法律实证主义凯尔森学派的代表人物凯尔森

---

① 参见陈新民：《德国公法学基础理论》（上），山东人民出版社 2001 年版，第 184 页。

② 参见陈新民：《德国公法学基础理论》（上），山东人民出版社 2001 年版，第 184 页。

③ 参见［德］汉斯·J. 沃尔夫等：《行政法》（第一卷），高家伟译，商务印书馆 2002 年版，第 326 - 329 页。

④ 朱维究、吴小龙：《论公共利益的公法保护》，中国政法大学出版社 2005 年版，第 481 页。

(Hans Kelsen)曾指出:整个法制度不过是公益之明文规定。[①]当然,立法者所代表的共同体不同,这就意味着实体法上的公共利益是由不同层级的立法主体来完成的。比如,表述行政区域利益的地方立法,表述地区自治团体利益的民族区域自治、特别行政区、基层群众自治组织立法,表述职业、性别、年龄、身体、身份团体利益的特殊人群立法等,而国家和社会的利益往往由宪法和立法机关的法律来表述。[②]

(三)我国法律对公共利益的明确

然而,仅仅明确公共利益可以通过法律来确定是不够的,还必须要求法律对公共利益的界定清晰明确。在土地征收领域,由于对个人权利的限制主要来源于国家,所以公共利益的规范尤为重要,任何模糊的、抽象的公共利益条款都是危险的东西,因为这可能导致两种严重的不良后果:一是或有全知全能者站在高处以自己的局部知识取代所有人的局部知识,用自己的理性替所有人作决定;二是一些精英集团或利益群体,以造福人民的名义公然扯谎,并通过模糊概念、情绪操纵等手段让大众相信并崇拜他们关于公共利益的谎言。在这两种情况下,公共利益如果蕴含巨大裁量空间,就有可能成为少数人蒙蔽多数人的手段,个人的基本权利如果受到一种抽象模糊的公共利益的限制,权利和自由就不复存在。因此,权利的限

---

① 参见陈恩仪:《论行政法上之公益原则》,载城仲模主编:《行政法之一般法律原则》(二),台北,三民书局1997年版,第158页。

② 参见张莉:《公共利益的法理学分析》,载《经济师》2019年第8期。

制必须比权利的规定更加明确，否则就会只剩下限制，而没有权利和自由。在这个意义上，《宪法》第十三条第三款“国家为了公共利益的需要，可以依照法律规定对公民的私有财产实行征收或者征用并给予补偿”的规定及《民法典》第二百四十三条第一款“为了公共利益的需要，依照法律规定的权限和程序可以征收集体所有的土地和组织、个人的房屋以及其他不动产”的规定，都只能被看作仅具有宣示性的意义。理论上说，单靠这些规定，还不能对具体的基本权利构成任何有法律效力的制约。从实践层面来看，正是因为缺乏法律规范层面具体明确的判断依据，截至目前，基于公共利益作出的征收土地决定一直没有在整体上被纳入人民法院的受案范围。最高人民法院作出的〔2005〕行他字第23号答复，通过将国务院或者省级人民政府作出的征收土地决定判定为最终裁决，将征地决定排除在人民法院受案范围之外，究其根本，就是认为征地行为所基于的公共利益缺乏明确的判断标准，司法机关审查征地批准行为缺乏明确的指引和依据。在此情况下，对于什么是公共利益进而在什么范围内需要征收土地，就完全属于行政决策的范畴。

总之，公共利益作为对基本权利的限制，其内容必须是相对具体的。在制定相关法律条文时，要尽可能地避免单独使用一些不确定概念，而应该尽可能罗列这些概念的具体情形。只有这样，才有可能避免模糊的公共利益条款对基本权利的过度限制。基于这样的考虑，《土地管理法》以及配套出台的相关规定，明确了我国土地征收领域公共利益的内涵，为明确公共利益的具体情形作出了巨大贡献。

三、公共利益的内涵与相关概念的把握

《土地管理法》第四十五条第一款规定：为了公共利益的需要，有下列情形之一，确需征收农民集体所有的土地的，可以依法实施征收：(1)军事和外交需要用地的；(2)由政府组织实施的能源、交通、水利、通信、邮政等基础设施建设需要用地的；(3)由政府组织实施的科技、教育、文化、卫生、体育、生态环境和资源保护、防灾减灾、文物保护、社区综合服务、社会福利、市政公用、优抚安置、英烈保护等公共事业需要用地的；(4)由政府组织实施的扶贫搬迁、保障性安居工程建设需要用地的；(5)在土地利用总体规划确定的城镇建设用地范围内，经省级以上人民政府批准由县级以上地方人民政府组织实施的成片开发建设需要用地的；(6)法律规定为公共利益需要可以征收农民集体所有的土地的其他情形。第二款规定，前款规定的建设活动，应当符合国民经济和社会发展规划、土地利用总体规划、城乡规划和专项规划；上述第 4 项、第 5 项规定的建设活动，还应当纳入国民经济和社会发展年度计划；第 5 项规定的成片开发并应当符合国务院自然资源主管部门规定的标准。上述规定为判断征收行为是否符合公共利益奠定了规范基础。我们在把握时，有以下几个问题需要注意。

（一）对“政府组织实施”概念的把握

上述规定以列举方式明确了作为土地征收前提的“公共

利益”的内涵，但仍包含两个具有一定弹性的概念——“政府组织实施”和“成片开发”。首先看“政府组织实施”。国家作为特定社会最大的共同体，具有绝对的公共性。即便国家利益不完全等同于公共利益，但从公共利益是法律规范所确认的公众利益这一角度讲，国家利益也是公共利益的重要表现形式之一。美国联邦最高法院就宣称：“公共使用要件和最高主权公权力的范围是一致的。”①故而，由代表国家的政府进行相关开发建设，能够最大限度地保障建设行为的公益属性。因此，除了军事和外交这种公认的公益行为以及相关兜底条款外，《土地管理法》第四十五条第一款第二项至第五项规定的前面都附加了“政府组织实施”这一前提。这里的“政府组织实施”旨在强调征收行为必须能够直接体现政府意志，包括政府直接实施、独立投资或者政府主导、市场化运作的用地项目，而不能理解为只要有政府参与就是政府实施。例如，政府招商引资的企业所进行的开发活动就不必然是政府组织实施的活动。同时，为了确保政府在组织实施相关行为时确实代表了国家利益而不是部门或者少数人的利益，即便是“政府组织实施”的土地开发工作，也必须符合国民经济和社会发展规划、土地利用总体规划、城乡规划和专项规划。其中，扶贫搬迁、保障性安居工程建设需要用地还必须纳入国民经济和社会发展年度计划。这其中，国民经济和社会发展规划、国民经济和社会发展年度计划要提交各地人大讨论通

① 刘平主编：《征收征用与公民财产权保护》，上海人民出版社 2012 年版，第 61 页。

过,是最能够体现公共利益的因素。土地利用总体规划、城乡规划的制定由于没有受到个别项目的影响,也能够很大程度上反映公共利益,专项规划则是在土地利用总体规划、城乡规划的制约下,对特定项目作出的要求。

(二)对“成片开发”概念的把握

《土地管理法》第四十五条第一款第五项引入了集体土地征收中的“成片开发”概念,即政府统一实施规划、统一开发,主要包括对危房较为集中、基础设施落后等地段进行统一的旧城区改建,以及对特定区域实施规模化开发等。[①] 对于什么是“成片开发”,自然资源部在2020年出台了《土地征收成片开发标准(试行)》。该规定明确了成片开发必须满足以下几个条件:一是不能“遍地开花”,不能对农业用地过分侵占,要求必须是在国土空间规划确定的城镇开发边界内的集中建设区。这里的“集中”意在强调不得将在建设上没有关联关系的零散地块拼凑、“打捆”以成片开发方式报批。二是要促进公共利益,要求成片开发范围内基础设施、公共服务设施以及其他公益性用地比例一般不低于40%。三是要尊重农民的选择权,要求经集体经济组织成员的村民会议2/3以上成员或者2/3以上村民代表同意。四是尊重专家和公众意见,要求县级以上地方人民政府编制土地征收成片开发方案时,应当充分听取人大代表、政协委员、社会公众和有关专家

① 参见魏莉华等:《新〈土地管理法〉学习读本》,中国大地出版社2019年版,第100页。

学者的意见。省级人民政府在批复成片开发方案时,应当组织人大代表、政协委员和土地、规划、经济、法律、环保、产业等方面的专家组成专家委员会,对土地征收成片开发方案的科学性、必要性进行论证。论证结论应当作为批准土地征收成片开发方案的重要依据。五是规定了负面清单,包括涉及占用永久基本农田,市县区域内存在大量批而未供或者闲置土地,各类开发区、城市新区土地利用效率低下、已批准实施的土地征收成片开发连续两年未完成方案安排的年度实施计划等情形。

这里可能会有疑义的是,基础设施、公共服务设施以及其他公益性用地比例不低于40%是否能够保证用地的公益性。对此,本书认为:首先,自然资源部在通过出台《土地征收成片开发标准(试行)》明确"成片开发"这个概念时,意识到了界定其中公共利益的难度,因而采取了面向全社会广泛征求意见的做法。最终,该规范性文件所采取的40%的比例,是在综合各方面意见基础上确定的能够被最大多数人接受的数值,从这个意见的形成过程看,本身就符合形成公共利益所需要的共识机制。

其次,不低于40%的基础设施、公共服务设施以及其他公益性用地属于纯公益性质的用地,占比其他部分的用地虽然可能带有商业性质,但这并不意味着其不含有公共利益的成分。因为,即便是纯商业的开发行为,其所带来的地方经济发展、财政收入增加、就业机会增多以及城市面貌的美化,也都是我们所认可的公共利益。这里存在一个判断公共利益时常用的“利益比较原则”，即对于商业开发项目用地，是否符合公共利益，能否适用土地征收程序，关键就在判定该项目的投入和产出。如果该项目不仅能够为投资人带来商业利润，而且创造的就业、税收以及环境改善的效益远远大于商业利益，则该项目符合公益属性，可以启动土地征收程序，[①]这也是美国的一些州法院在“公共利益”的判定上所适用的原则。[②] 反观我国的规定，在确保纯公益性用地比例不低于40%的情况下，整体征地项目所含公共利益的占比会远远大于40%，从而能够确保项目整体的公益属性。

最后，我们国家的基本国情是我国仍处于并将长期处于社会主义初级阶段，国家的根本任务是沿着中国特色社会主义道路，集中力量进行社会主义现代化建设，而目前的现代化建设还不可能完全脱离城镇化的进程。在城镇化过程中，要发挥市场经济的优势，就不可能排除市场主体的商业利益，因为一个具有经济理性的市场主体是不可能投入一个没有回报或者需要长期实现回报的纯公益事业的。反之，如果具有商业利益性质的用地都得不到保证，作为国家经济结构中重要组成部分的市场经济主体必然受到打击，社会经济的发展也会相应受到阻滞。所以，即便成片开发过程中公共利益的占比无法达到100%，在这个问题上也应当在立法层面体现出一定的弹性。

---

① 参见甘藏春：《土地正义——从传统土地法到现代土地法》，商务印书馆2021年版，第276页。

② 参见国务院法制办公室国际司编：《政府法制对外交流成果汇编》(一)，中国法制出版社，第73页。

（三）对“公共利益”审核程序的把握

《土地管理法实施条例》第三十条规定：“县级以上地方人民政府完成本条例规定的征地前期工作后，方可提出征收土地申请，依照《土地管理法》第四十六条的规定报有批准权的人民政府批准。有批准权的人民政府应当对征收土地的必要性、合理性、是否符合《土地管理法》第四十五条规定的为了公共利益确需征收土地的情形以及是否符合法定程序进行审查。”据此，土地征收前期工作完成后，县级人民政府会将土地征收申请连同征地补偿安置方案、征地补偿安置协议的签订情况等前期工作资料，报设区的市或者省级自然资源主管部门审查把关。相关部门会结合用地项目立项文件、用地分类标准、划拨用地目录以及相关规划、计划情况等，对征收项目是否符合公共利益进行实质性审查，必要时，还会组织有关部门、相关领域专家进行充分论证。在这个过程中，省级人民政府要对批复意见的真实性、合法性负总责，换句话说，要对征地申请中关于批准用地项目是否符合法律规定的公共利益从材料真实性、程序合法性方面进行全面审查。经认定，征地项目符合法律规定的公共利益用地情形的，县级以上地方人民政府方可正式启动土地征收工作。

（四）对征地批准文件“自动失效”的把握

需要注意的是，即使合法取得了征地批准文件，该文件也可能在没有依法实施的情况下作废。原国土资源部印发的

《关于完善农用地转用和土地征收审查报批工作的意见》(国土资发〔2004〕237号,已失效)第十四条规定:“农用地转用和土地征收批准文件有效期两年。农用地转用或土地征收经依法批准后,市、县两年内未用地或未实施征地补偿安置方案的,有关批准文件自动失效……”此后,为明确“自动失效”的具体方式,自然资源部于2018年6月25日下发《关于健全建设用地“增存挂钩”机制的通知》(自然资规〔2018〕1号),其中“规范认定无效用地批准文件”部分规定:“各省(区、市)要适时组织市、县对已经合法批准的用地进行清查,清理无效用地批准文件。农用地转用或土地征收经依法批准后,两年内未用地或未实施征地补偿安置方案的,有关批准文件自动失效;对已实施征地补偿安置方案,因相关规划、政策调整、不具备供地条件的土地,经市、县人民政府组织核实现场地类与批准前一致的,在处理好有关征地补偿事宜后,可由市、县人民政府逐级报原批准机关申请撤回用地批准文件。”该通知重申了批准文件自动失效的规定,同时,对于已经实施征地补偿安置方案但不具备供地条件的情形,规定了逐级报批撤回用地批准文件的程序。但该通知下发后,实务操作中仍存在很大争议,主要争议点在于:国务院以及省级人民政府批地文件失效的概念是否完全一致?已经批准征收为国有的土地是否还能再还原为集体土地,法律上是否有障碍?市、县人民政府逐级报原批准机关申请撤回批准文件是否就能导致文件失效?……据我们了解,目前对于省级人民政府作出的征地和农用地转用批准文件,有两者一起申请撤回的,也有仅申请撤回农用地转用批准文件的。对于国务院的相关批准文件，出现过申请撤回农用地转用批准文件的，但截至本书完成时还未出现过撤回征地批准文件的申请。

为使这一规定更符合上位法精神和更具有可操作性，2018 年 12 月 6 日，自然资源部办公厅又下发了《关于批而未供土地处置有关问题的通知》（自然资办发〔2018〕49 号），该通知规定："为更好实施建设用地'增存挂钩'机制，加快推进批而未供土地处置工作，现就有关问题通知如下：一、农用地转用或土地征收经依法批准后，未公告补偿安置方案的，可认定为未实施具体征地行为。对已公告补偿安置方案，因相关规划、政策调整，不具备供地条件的土地，在处理好有关补偿事宜后，可由市、县人民政府按相关规定，逐级报原批准机关申请撤回有关批准文件，原批准机关同意撤回的，批准文件不再执行。二、对国务院批准的城市建设用地，省（区、市）已批准实施方案的，因相关规划、政策调整等原因，部分已不具备供地条件的，可由市、县人民政府按相关规定，逐级报省级人民政府申请调整用地实施方案，并报自然资源部备案；未批准实施方案的，省级自然资源主管部门要加快组织报批工作，并及时报自然资源部备案。对省级人民政府批准的城市建设用地，需要用地调整的，由各省（区、市）规定……"可以看出，该通知不再提"文件失效"的说法，而是明确了以下三种情况：一是明确规定了究竟何为"未实施征地行为"，即批准文件下达后，未公告补偿安置方案的情形可以视为没有实施征地行为；二是已公告补偿安置方案，但无法具体实施的，市、县人民政府需逐级报原批准机关申请撤回有关批准文件，原批准机关同意撤回的，文件才能够不再执行，反过来说，如果原批准机关不同意撤回，文件仍有执行的可能性；三是国务院批准的城市建设用地，分地方是否已经批准实施方案两种情形，而无论是否批准实施方案，都要通过调整用地实施方案和加快组织报批等方式推进执行，相当于国务院的批准用地行为在制度上没有申请撤回的途径。

根据上述规定，所谓“批准文件自动失效”，目前只有两年内未发布补偿安置方案一种。此外，市、县人民政府逐级报原批准机关申请撤回有关批准文件，且原批准机关同意撤回也是导致批准文件失效的情形之一，但不属于“自动失效”。总的来说，只有在这两种情形下，农用地转用和土地征收批准文件才明确不再执行，并可以将土地交回原集体经济组织。其他情形要尽快调整用地实施方案或者加快组织报批，以推进已经发生效力的用地批准文件的执行。2019 年修正的《土地管理法》颁行后，上述文件目前仍然有效，但随着征收程序的改变，相关政策是否会随之调整，我们拭目以待。

第二章

财产权特别牺牲理论与征收补偿请求权

土地征收本质上是对财产权的一种限制,我国法律确定了无补偿即无征收的基本原则,以弥补这种限制对财产权带来的损害。但是,对财产权的限制并非当然都获得补偿。在财产权受限时,何时应予补偿,何时无须进行补偿,以及补偿标准的确定,都有赖于对以征收为代表的财产权限制行为法律属性的深刻认识。

一、财产权的限制体系

财产权又被称为“财产上的私权”,我国《宪法》第十三条第一款、第二款规定,公民的合法的私有财产不受侵犯。国家依照法律规定保护公民的私有财产权和继承权。从宪法意义上来说,财产权是指一切具有财产价值的权利,即公民对财产享有的支配权。关于财产权的支配性,简单来说,就是对物占有、使用、收益、处分的各种静态和动态权利。众所周知,不受限制的权利是不存在的,而这种限制一般是基于对以国家形式组成的社会公众利益的考虑,以及对其他权利人合法权益的尊重。因此,在法律上,对财产权的限制由私法和公法领域的相关规定两套体系组成。

(一)财产权的私法限制体系

在私法领域,财产权的限制由物权体系、债权体系和民事权利的一般规定组成。

1. 财产权的物权限制。根据我国《民法典》的规定，物权由所有权、用益物权、担保物权和占有构成。其中，所有权是唯一的自物权，他物权由用益物权和担保物权构成，占有因为是一种事实状态，所以又称准权利。各种物权及彼此之间均存在权利限制的问题。

(1)所有权的自我限制。所有权是一种完全物权，它可以在法律规定的范围内对物进行全面支配，所有权人得自由使用、收益、处分其所有物，并排除他人干涉。但所有权的行使不能以他人、国家或社会利益遭受过度损害为代价。这一原则的具体化，产生了不动产相邻关系、建筑物区分所有权这两类所有权限制方式。其中，相邻关系是指依据法律规定，两个或两个以上相互毗邻的不动产的所有人或使用人，在行使不动产的所有权或使用权时，因相邻各方应当给予便利和接受限制而发生的权利义务关系。简单来讲，相邻关系就是不动产的相邻各方因行使所有权或使用权而发生的权利义务关系。根据我国《民法典》的规定，相邻关系包括用水排水、通行、邻地利用、相邻通风、采光和日照、相邻不动产之间不可量物侵害、维护相邻不动产安全等内容。不动产相邻关系在性质上是对所有权行使的限制，而非一种独立的物权权利，这是相邻关系与不动产役权等他物权在法律属性上的本质区别。

建筑物区分所有权是指业主对建筑物内的住宅、经营性用房等专有部分享有所有权，对专有部分以外的共有部分享有共有和共同管理的权利。作为所有权的一种特殊形式，建筑物区分所有权也是一种自带限制的权利，例如，《民法典》

第二百七十二条规定:“……业主行使权利不得危及建筑物的安全,不得损害其他业主的合法权益。”第二百七十三条第一款规定:“业主对建筑物专有部分以外的共有部分,享有权利,承担义务;不得以放弃权利为由不履行义务。”第二百七十九条规定:“业主不得违反法律、法规以及管理规约,将住宅改变为经营性用房……”第二百八十条第一款规定:“业主大会或者业主委员会的决定,对业主具有法律约束力。”第二百八十六条第一款规定:“业主应当遵守法律、法规以及管理规约,相关行为应当符合节约资源、保护生态环境的要求。对于物业服务企业或者其他管理人执行政府依法实施的应急处置措施和其他管理措施,业主应当依法予以配合。”

(2)所有权的他物权限制。除了相邻关系和建筑物区分所有权这种所有权自身所包含的限制,所有权还受到他物权的限制。所有权兼具使用价值和交换价值,为发挥物的使用价值,法律上设定了用益物权;为发挥物的交换价值,法律上设定了担保物权。二者合称为他物权或者定限物权,其意义有二:之所以称为“物权”,是因为此项权利可在一定范围内对物进行支配;之所以冠之以“他”或“定限”,是因为此项权利为了使第三人可以对物加以利用而对所有权加以限制,乃所有权以外的其他物权。其中,担保物权属于“变价权”,即在某种条件成就时,特别是在未履行某一给付时,权利人有将特定物予以处分并从中“优先受偿”的权利。由于拍卖、变卖、折价等处分行为以及为保障这些处分行为而构建的相应制度会影响所有权的行使,因而担保物权当然是对所有权的一种限制。用益物权是对他人之物占用、使用、收益并排斥所有权行使的一种物权。法律上设立用益物权的目的就是对他人所有的财产进行使用和收益，从这个意义上来讲，用益物权对所有权的限制更为直接、更加明显。这种权利的兴起，本身就是与土地所有权相伴而来的，其产生伊始就是为了发挥调剂土地“所有”与“利用”的机能，[①]或者说是为了发挥土地的使用价值而限制其所有权。时至今日，我国《民法典》规定的用益物权也全部都是针对土地或者土地上的房屋而设定的不动产物权。其主要包括以下三种形态：

一是地上权。根据《民法典》的规定，我国土地使用权包括土地承包经营权、建设用地使用权、宅基地使用权、居住权、地役权。其中，土地承包经营权、建设用地使用权和宅基地使用权属于传统的地上权，即直接在他人所有的土地上进行建设或者耕种的权利。一般而言，从物权角度来看，由于土地上的定着物属于土地的重要组成部分，因此，地上物的所有权必须从属于土地所有权。但是，如果购买或者建设地上物必须购买土地，在土地价值非常昂贵的情况下，一般人难以承受，这无疑限制了土地的开发与利用。为了让地上物所有权与土地所有权可以分离，地上权便应运而生，其使权利人可以在他人所有的土地上从事构造建筑物或者耕种等开发利用活动，并在没有取得土地所有权的情况下取得地上物的所有权。从权利负担的角度讲，地上权是对土地所有权中使用权的分离，

---

① 参见王泽鉴：《民法物权》，北京大学出版社2010年版，第272页。

可以限制原所有权的行使,因此它无疑是对土地所有权的一种限制。

二是地役权。地役权是特定权利人利用他人的不动产,以提高自己的不动产效益的用益物权,他人的不动产为供役地,自己的不动产为需役地。《民法典》第三百七十二条第一款规定,地役权人有权按照合同约定,利用他人的不动产,以提高自己的不动产的效益。地役权人的权利主要在于方便自己不动产通行、取水、采光、眺望等,而非独占性的排他占有和使用。同时,地役权人行使上述权利时,应选择于供役地损害最少的方法为之。因此,它对于土地所有权的限制程度较地上权为低。

三是人役权。人役权是指为特定人的利益而使用他人不动产的权利。我国《民法典》所规定的居住权就是人役权的一种,它是指权利人为了满足生活居住的需要,按照合同约定或者遗嘱,在他人享有所有权的住宅之上设立的占有、使用该住宅的权利。人役权与地役权的区别在于,前者是为方便特定人而设定的用益物权,后者则是为方便特定物而设定的用益物权,二者的共同之处在于都是对他人所有的物进行一定限制的物权。

2. 财产权的债权限制体系。债权是将债务人的给付归属于债权人,使债权人可以有效受领债务人给付的权能。债权与物权虽然同属财产权,但与物权不同,物权系对物支配的绝对权利,债权则属于相对权,仅约束债权双方,不具有对抗第三人的效力。债权人只能基于债之关系,向债务人请求给付,即债权不是对债务人人身的支配，也不是对给付标的物的支配，而是请求给付和保有给付的权利。[①] 因此，债权一般不会直接对物的利用产生影响，但需要注意的是，债权人并非在任何情况下都不可以对物进行直接的支配进而对财产权施以直接限制，此即债权的物权化问题。根据我国台湾地区民法学者王泽鉴的分析，债权的物权化主要有两种情形：[②]

（1）租赁权的物权化。《民法典》第七百零八条规定："出租人应当按照约定将租赁物交付承租人，并在租赁期限内保持租赁物符合约定的用途。"第七百二十五条规定："租赁物在承租人按照租赁合同占有期限内发生所有权变动的，不影响租赁合同的效力。"此即我们通常所说的所有权变动不破租赁。在这里，租赁权的债权相对性被突破，可以对抗一般人甚至是物权人，也就是具有了限制物权的效力。实践中，债权中的租赁权与物权并列，共同构成了财产的利用体系。但与用益物权不同，通过债权取得的对土地等标的物的利用，由于使用人没有取得物权，不得擅自处分租赁物，将租赁物让与或自行转租，因此，与他物权和所有权的自我限制相比，其对财产权的限制相对较低。

（2）预告登记。《民法典》第二百二十一条第一款规定："当事人签订买卖房屋的协议或者签订其他不动产物权的协议，为保障将来实现物权，按照约定可以向登记机构申请预告登记。预告登记后，未经预告登记的权利人同意，处分该不动

---

① 参见王泽鉴：《债法原理：最新版》，北京大学出版社 2009 年版，第 17 页。

② 参见王泽鉴：《债法原理》，北京大学出版社 2013 年版，第 65 页。

产的，不发生物权效力。”据此，经预告登记的不动产债权同样突破了债的相对性，可以对不动产进行一定程度的支配，具有对抗一般人的效力，可以限制不动产的处分权能。

3. 民事权利的一般限制。通过上述分析可以看出，在民事权利体系中，所有权是最为完整的财产权；他物权和债权，尤其是他物权中的用益物权和债权中的租赁权，对所有权的权能进行了较大程度的限制。根据《民法典》第六条“民事主体从事民事活动，应当遵循公平原则，合理确定各方的权利和义务”，第七条“民事主体从事民事活动，应当遵循诚信原则，秉持诚实，恪守承诺”，第八条“民事主体从事民事活动，不得违反法律，不得违背公序良俗”，第九条“民事主体从事民事活动，应当有利于节约资源、保护生态环境”的规定，包括所有权、他物权、债权甚至是占有在内的所有民事权利的行使，都应当一般性地受到上述公平、诚信、公序良俗和保护环境、节约资源等原则的一般性限制。

（二）财产权的公法限制体系

除了前述私法限制，为了保障国家和社会公共利益，法律、法规、规章以及各种规范性文件也从公法的角度对财产权的行使进行了一些限制。这些限制大体可分为两类：

1. 行政管制。行政管制是指政府为维护或达到特定的公共利益而对行政相对方进行的管理和约束。行政管制类限制并不剥夺财产权，而是对财产权占有、使用、收益和处分权能中的部分权能加以限制或者对全部权能在一定时间内加以限制。前者如《文物保护法》第六十条对文物进出境限制的规定："国有文物、非国有文物中的珍贵文物和国家规定禁止出境的其他文物，不得出境……"此外，还有各地出台的对机动车限行的规定等，都是对所有权中的使用权能进行的限制。

在对所有权部分权能进行限制类的管制中，与土地制度密切相关、需要特别提及的，是公用地役权和土地用途管制制度。"公用地役权"是为不特定公众利益而在私人财产上设定的一种使用权。与地役权不同，公用地役权并不以权利人存在需役不动产为要件，而是为不特定人的便利而设定，因此，理论上它属于人役权。同时，由于它是为了公共利益而设定，也即使私人的不动产负担了公共使用的义务，从而又区别于一般的人役权。例如，中共中央、国务院《关于进一步加强城市规划建设管理工作的若干意见》第十六条指出："……新建住宅要推广街区制，原则上不再建设封闭住宅小区。已建成的住宅小区和单位大院要逐步打开，实现内部道路公共化，解决交通路网布局问题，促进土地节约利用……"依照我国现行法律以及司法解释的有关规定，建筑区划内的道路、绿地、其他公共场所、公用设施和物业服务用房属于业主共有。但小区开放之后，这些财产将从内部资源转化为社会公共资源，为不特定公众的通行等利益提供便利。

土地用途管制是国家为保证土地资源的合理利用以及经济、社会发展和环境的协调，通过编制土地利用规划等方式，划定土地用途区域，确定土地使用限制条件，使土地的所有者、使用者严格按照国家确定的用途和强度利用土地的制度。

例如,《土地管理法》第四条规定:“国家实行土地用途管制制度。国家编制土地利用总体规划,规定土地用途,将土地分为农用地、建设用地和未利用地。严格限制农用地转为建设用地,控制建设用地总量,对耕地实行特殊保护……使用土地的单位和个人必须严格按照土地利用总体规划确定的用途使用土地。”土地用途管制是因公共利益对特定范围和种类土地的使用权进行的一种限制,其中最典型的是国家对耕地用途的限制。例如,《土地管理法实施条例》第十二条第一款规定:“国家对耕地实行特殊保护,严守耕地保护红线,严格控制耕地转为林地、草地、园地等其他农用地,并建立耕地保护补偿制度,具体办法和耕地保护补偿实施步骤由国务院自然资源主管部门会同有关部门规定。”第二款规定:“非农业建设必须节约使用土地,可以利用荒地的,不得占用耕地;可以利用劣地的,不得占用好地。禁止占用耕地建窑、建坟或者擅自在耕地上建房、挖砂、采石、采矿、取土等。禁止占用永久基本农田发展林果业和挖塘养鱼。”第三款规定:“耕地应当优先用于粮食和棉、油、糖、蔬菜等农产品生产。按照国家有关规定需要将耕地转为林地、草地、园地等其他农用地的,应当优先使用难以长期稳定利用的耕地。”此外,还包括《土地管理法》第二十五条第一款对土地利用总体规划的规定,“经批准的土地利用总体规划的修改,须经原批准机关批准;未经批准,不得改变土地利用总体规划确定的土地用途”;《电力法》第五十三条第二款对电力设施保护区的规定,“任何单位和个人不得在依法划定的电力设施保护区内修建可能危及电力设施安全的建筑物、构筑物,不得种植可能危及电力设施安全的植物,不得堆放可能危及电力设施安全的物品”;《公路法》第四十七条第一款对公路保护区的规定,“在大中型公路桥梁和渡口周围二百米、公路隧道上方和洞口外一百米范围内,以及在公路两侧一定距离内,不得挖砂、采石、取土、倾倒废弃物,不得进行爆破作业及其他危及公路、公路桥梁、公路隧道、公路渡口安全的活动”。

对所有权全部权能于一定时间内加以限制的典型是征用制度。对此,《民法典》第二百四十五条规定:“因抢险救灾、疫情防控等紧急需要,依照法律规定的权限和程序可以征用组织、个人的不动产或者动产。被征用的不动产或者动产使用后,应当返还被征用人……”《土地管理法》第五十七条规定:“建设项目施工和地质勘查需要临时使用国有土地或者农民集体所有的土地的,由县级以上人民政府自然资源主管部门批准。其中,在城市规划区内的临时用地,在报批前,应当先经有关城市规划行政主管部门同意。土地使用者应当根据土地权属,与有关自然资源主管部门或者农村集体经济组织、村民委员会签订临时使用土地合同,并按照合同的约定支付临时使用土地补偿费。临时使用土地的使用者应当按照临时使用土地合同约定的用途使用土地,并不得修建永久性建筑物。临时使用土地期限一般不超过二年。”

2. 行政征收。此类限制永久剥夺所有权,是公法领域对合法财产权最大限度的限制。对此,《民法典》第二百四十三条第一款规定:“为了公共利益的需要,依照法律规定的权限和程序可以征收集体所有的土地和组织、个人的房屋以及其他不动产。”《土地管理法》第四十五条规定，为了公共利益的需要，确需征收农民集体所有的土地的，可以依法实施征收。

二、财产权的一般限制与特别限制

上文我们分析了对财产权的限制体系，那么当财产权受到限制时，何时应该给予补偿，何时无须给予补偿呢？通说认为，对财产权的限制已经超过某种标准，则构成财产权的特别牺牲，应该补偿财产权人；不构成财产权的特别牺牲，无须给予补偿。[①] 那么，这里的“某种标准”是什么标准，应当如何界定？为什么特别牺牲方能得到补偿？这就要从财产权的一般限制与特别限制谈起。

（一）财产权的一般限制

财产权属于宪法上的公民基本权利，公民对其财产享有排他性的支配权。《宪法》第十三条第一款规定，公民的合法的私有财产不受侵犯。据此，公民的财产权受到法律的严格保护。但是，个体权利无限扩张，必然导致不同主体之间的权利重叠，进而引发权利冲突，对社会生活秩序形成巨大挑战。正如德国学者施蒂尔纳所言，对所有权毫无限制的使用与处分将会破坏有序的人类共同生活。[②] 此外，即使不存在权利

① 参见张永健：《土地征收与管制之补偿——理论与实务》，台北，元照出版有限公司2020年版，第192页。

② 参见［德］鲍尔、［德］施蒂尔纳：《德国物权法》（上册），张双根译，法律出版社2004年版，第532页。

重叠和冲突,不受限制的财产权也会导致财产的利用无法体现国家意志,从而与特定的社会价值相悖。为此,财产权的一般限制来源于两个方面:

1. 避免权利冲突。例如,相邻而居的两人一个喜欢听音乐,而且要把声音放到最大,另一个则喜欢安静,并且容不得传入半点声音。要解决这种由财产权的排他性支配带来的冲突,就必须对这种排他性进行限制,从而实现不同个体权利之间的平衡。在所列举的例子中,为平衡相邻不动产所有人之间的权利冲突,不动产相邻关系便应运而生。《民法典》第二百九十四条规定:"不动产权利人不得违反国家规定弃置固体废物,排放大气污染物、水污染物、土壤污染物、噪声、光辐射、电磁辐射等有害物质。"这种限制本质上是对财产权范围的二次界定,它不针对特定的对象,而是凡具有某种财产权的主体都要受到同样的限制,所以具有一般性。前文谈到的财产权的私法限制中,所有权的自身限制、民事权利的一般限制以及财产权公法限制中除公共地役权之外公民对行政管制的容忍义务,都属于为避免权利冲突而产生的财产权的一般限制。

2. 实现财产利用的社会价值。特定的社会制度追求特定的社会价值,而不同的社会价值对财产的分配和利用会提出不同的要求,从而产生对财产权进行限定的问题。与前述为避免权利冲突而对权利进行的二次界定不同,这种限定本质上是对财产权的首次界定,因此其必然具有一般性。以地上权中的土地承包经营权和宅基地使用权为例。我国是社会主义国家,土地实行国家和集体所有制。法律规定的农村土地归集体所有,集体土地所有权是集体土地所有制在法律上的实现形式。集体所有权在具体经济活动中的表现,则是集体所有的生产资料归作为集体成员的劳动者直接使用。为了实现这一点,《民法典》第三百三十条第二款规定:“农民集体所有和国家所有由农民集体使用的耕地、林地、草地以及其他用于农业的土地,依法实行土地承包经营制度。”《农村土地承包法》第五条规定:“农村集体经济组织成员有权依法承包由本集体经济组织发包的农村土地。任何组织和个人不得剥夺和非法限制农村集体经济组织成员承包土地的权利。”单纯从财产权的角度来看,承包经营权作为农户所享有的一种用益物权,显然是对集体经济组织所享有的土地所有权的限制,而这种限制所实现的是以共同劳动为前提的农村集体土地所有制,本质上是国家实现社会主义公有制的具体方式。与此类似的还有农村宅基地使用权,《土地管理法》第六十二条中规定,农村村民一户只能拥有一处宅基地。人均土地少、不能保障一户拥有一处宅基地的地区,县级人民政府在充分尊重农村村民意愿的基础上,可以采取措施,按照省、自治区、直辖市规定的标准保障农村村民实现户有所居。据此,虽然农村集体土地归集体经济组织所有,但这种所有权的行使必须以保障农村村民的居住用地为前提。

无论是避免权利重叠还是实现财产的特定社会价值,上述财产权的一般限制都使权利主体在享有财产权利益的同时负担了一定的社会义务,从而使财产权这种绝对自由的支配权兼具了社会权的性质。因此,财产权的一般限制实质上体现了财产权的社会义务。

（二）财产权的特别限制

除避免财产权本身的重叠和实现财产权的社会价值之外，人们之间的社会生活也需要对财产权加以限制。这种限制并不旨在实现财产权一般限制所追求的宏观、抽象的制度目标或社会价值，而是通过让少数人为了其他特定人的利益担负一定的财产限制义务，从而提高特定物在特定主体之间的使用效能，降低交易成本、提高交易效率或促进公共利益。此类限制由于并非同类型的财产权人都会承担，即使承担，其强度也存在很大区别，所以产生了区别于财产权一般限制的特别限制。根据设定特别限制的领域不同，特别限制可以分为两类：

1. 私法领域特别限制。法律在一般限制之外介入私人财产权，并设定特殊的限制，主要目的是在私法领域提高财产的利用效能，防止交易失败或成本太高导致对财产的利用不足或财产利用秩序的混乱。例如，《民法典》第三百七十二条第一款规定："地役权人有权按照合同约定，利用他人的不动产，以提高自己的不动产的效益。"第三百七十五条规定："供役地权利人应当按照合同约定，允许地役权人利用其不动产，不得妨害地役权人行使权利。"此处对地役权的规定与相邻用水、排水、领地通行和铺设管线、不可量物侵害等不动产相邻关系不同，后者针对的是不动产所有权权能不加限制而发挥到极致的情况下，必然出现的制度性的权利重叠和冲突。

地役权所针对的情形并不存在权利重叠问题，而是为了进一步方便一方不动产的使用，或者提高一方不动产的使用效能，而对另一方的财产施加的额外限制。两者分别从权利行使不得逾越的最低界限和权利自我限制两个不同角度作出规定。

法律之所以要对权利行使的最低界限进行限制，是因为若非如此，财产权当事人之间很可能会因为对财产的使用方法、强度以及是否支付费用等无法达成一致意见而影响物的价值的实现。例如，在相邻通行关系中，邻地所有权、使用权人可能会利用袋地所有权、使用权人的窘境，开出让其通行的苛刻条件，若不满足该条件，袋地就会因此成为“死地”；只有邻地所有人负有容忍义务，必须容忍袋地所有权人通行，袋地才能实现其本有的价值。[①] 在物之基本利用得以保障的基础上，如果土地所有权人或者使用权人想进一步提升土地的使用效能，原则上就并非所有社会成员均需负担义务，此时应当以当事人之间的合意为原则，而在此基础上所施加的限制，并非一般限制，而是对财产的特别限制。财产权的私法限制中除所有权自身限制外的用益物权、担保物权和债权限制体系基本上都属于以合意为基础的特别限制。例如，《民法典》第三百六十六条对居住权的规定：“居住权人有权按照合同约定，对他人的住宅享有占有、使用的用益物权，以满足生活居住的需要。”第三百六十七条第一款规定：“设立居住权，当事人应当采用书面形式订立居住权合同。”第四百六十五条第

① 参见王利明：《论相邻关系中的容忍义务》，载《社会科学研究》2020 年第 4 期。

一款规定:"依法成立的合同,受法律保护。"

2.公法领域的特别限制。出于维护或提升特定公共利益的考量,对特定主体的财产权加以限制。此种限制的目的不在于解决特定财产权人对财产利用的制度成本问题,而是为了实现特定范围内不特定主体的公共利益,如财产公法限制中的征收、征用以及公用地役权。虽然由国家行使或设定的征收、征用以及公用地役权一般也都出于公共利益,但一方面,如本书在第一章中所讲述的内容,公共利益根据其所代表的社会关系的不同,被分为个体利益、群体利益、地方利益、社会利益、共同体利益和人类利益等。当某项权利限制措施的行使主要是服务于特定范围而不是服务于全社会的公共利益时,这种限制就只能属于特别限制而非一般限制。另一方面,即使是服务于全社会的公共利益,此类行为的相对人也会负担超出一般容忍义务的特别牺牲,从而仍然属于特别限制的范畴。

三、财产权的特别牺牲与补偿请求权

(一)财产权的一般限制无须补偿

财产权的一般限制通常无须补偿,原因主要有以下几个方面:首先,一般限制隐含了所有义务主体之间的相互补偿。一般限制意味着绝大多数人要担负一定的社会义务,而社会义务意味着"人人为我,我为人人",即每个人的受限对他人而言就是受益,反之,每个受限的人也都从他人的限制中受益,而这种受益就是获得补偿,只不过是一种隐性的、非现金的补偿。其次,财产权的一般限制通常不会产生非预期的损失。由于一般限制不会临时、临事针对特定人设定,所以在足够有效率的市场中,市场价格通常已经反映了这种财产限制。因此,财产权人从事前、预期的角度,没有损失,无须补偿。最后,从社会整体效益来看,一般限制也不宜设定补偿。财产权的一般限制意味着社会中的绝大多数财产权人要受到同样的限制,而如果进行补偿,就会频繁出现"左兜出,右兜进"的情况,在这个过程中,财产权人还要支付一定的社会管理成本,最终会导致得不偿失的结果。①

在财产权的一般限制中,这些限制基本是出于充分保护宪法赋予公民财产权的目的,在不影响被限制财产权实现的情况下,为方便物的使用而施加的最低限度的限制。既然是出于基本保障和最低限度的限制,其必然要在需用财产和被用财产之间进行平衡,既有效扩张一方权利必要的行使范围,又把另一方权利的限制划定在轻微妨害的限度内,从而实现各方的利益平衡,以确保在最大限度上实现财产效用的同时,被限制的财产权不会受到太大影响。② 以相邻用水、排水、通行、铺设管线等相邻关系为例,《民法典》第二百九十六条规定:"不动产权利人因用水、排水、通行、铺设管线等利用相邻不动产的,应当尽量避免对相邻的不动产权利人造成损害。"这里,法律对财产进行特别限制的目的是保证邻地基本的使

① 参见张永健:《土地征收与管制之补偿——理论与实务》,台北,元照出版有限公司2020年版,第198页。

② 参见王利明:《论相邻关系中的容忍义务》,载《社会科学研究》2020年第4期。

用价值,不贬损不动产本身的使用价值。[①] 因此,基于这种目的的限制往往较为轻微,而无须补偿。需要说明的是,在对财产的一般限制中,如果使用权人超出法律规定的限度,对他人财产造成损害,实际上就构成了侵权,应当通过承担损害赔偿责任的方式加以解决。例如,上述《民法典》第二百九十六条的规定,以及第一千一百六十五条第一款的规定:"行为人因过错侵害他人民事权益造成损害的,应当承担侵权责任。"

(二)财产权的特别限制未必都获得补偿

那么,财产权的特别限制是否应该都获得补偿呢?答案是否定的。在私法领域的特别限制中,是否补偿一般由当事人协商决定。在公法领域的特别限制中,虽然公民的财产权利因公共利益而受有一定限制,但如果这种限制被控制在合理的范围内,没有使财产权人因提供公共利益而使自己的财产蒙受重大妨害,或因提供这种利益而使自身财产权无法正常行使,公民通常需要忍受这种轻微妨害,此即公民的容忍义务。设定公民容忍义务的原因在于,属于公民容忍义务范围的事项一般来说并不会使财产权遭受实质性损害,而仅有的轻微损害一般在公益性范围内也可以得到弥补。加之作为行政行为的补偿本身需要支付行政成本,在损害十分轻微的情况下,补偿的成本可能会大于补偿本身,更使补偿显得得不偿失。因此,基于服务公共利益和国家行政效率的考量,公民财

---

① Vgl. MüKoBGB/Brückner § 912 Rn. 28.

产权在容忍义务范围内所遭受的限制一般也不予补偿。

综上所述,财产权的一般限制无须补偿,而特别限制在私法领域可以由当事人意定,在公法领域如果只是带来轻微妨碍,那么和财产权的一般限制一样,不需要补偿。但是,在公法领域,如果特别限制超出了轻微妨碍的程度,超出公民容忍义务的范围,则构成财产权人的特别牺牲,从而产生补偿请求权。例如,修路拆迁导致的轻微噪声污染和出行不便属于公民的容忍义务,无须补偿,也可以认为,修路本身带来的公共利益已经予以补偿。但是,如果修路导致临近房屋地基受损,出现重大安全问题,或者需要征收公路范围内的房屋,则超出了容忍义务的范围。此时,如果致害行为合法,则受其影响的公民可以请求补偿;如果致害行为违法,还会产生赔偿问题。

(三)财产权因特别限制导致特别牺牲需要补偿

这里是否构成特别牺牲就成为公法领域判断是否产生补偿请求权的关键。对于特别牺牲的构成,本书认为需具备以下几个条件:一是财产权权能的丧失,即财产权的占有、使用、收益、支配权能被全部或部分剥夺;二是财产权受到实质侵害,即限制行为本身并没有为被限制的财产权人带来足以弥补财产损失的显性或隐性利益,从而造成财产权的实质性减损;三是损害明显,即财产权因限制而受有的实质性损害是显而易见的,以至于正常有理性的人都无法忍受。以上几点中,第一点是构成特别牺牲的定性要件,后两点是特别牺牲的定量要件。特别牺牲之所以需要给予补偿或赔偿,是因为:一方面，如果实质性损害没有得到补偿，那么财产限制就变成了财产掠夺，这与保护公民财产权的宪法要求不符；另一方面，无成本的财产限制会导致少部分人补贴大部分人的不公平现象，还会导致相关行政行为的作出因缺乏成本效益分析而显得过于草率，最终造成社会财富的浪费。

这里还需要提及的是财产权人基于自身合法权益而享有排除妨害等自身救济手段与财产权限制补偿的关系问题。为了保障当事人的合法权益，在其财产权受到不当的限制或妨碍时，法律赋予财产权人以排除妨碍的权利。但如果这种权利因为他人利益或者公共利益而受到阻碍，则法律赋予的排除妨碍请求权就有可能转化成补偿请求权。对此，德国学者鲍尔和施蒂尔纳指出："所有权—占优势的私人干预利益或公众干预利益—所有权人承担特别牺牲义务时的补偿权，三者间所存在的关系：妨害防止请求权之行使，在因公共利益而受到拒绝时，会转换成补偿请求权形式，而再次显现出来。当然，这种转换，仅在所涉及者为'特别牺牲时'，才有可能发生。"①

至于补偿的形式，一是根据法律规定进行补偿。例如，《民法典》第二百四十三条规定："为了公共利益的需要，依照法律规定的权限和程序可以征收集体所有的土地和组织、个人的房屋以及其他不动产。征收集体所有的土地，应当依法及时足额支付土地补偿费、安置补助费以及农村村民住宅、其

① ［德］鲍尔、［德］施蒂尔纳：《德国物权法》，张双根译，法律出版社2006年版，第532页。

他地上附着物和青苗等的补偿费用，并安排被征地农民的社会保障费用，保障被征地农民的生活，维护被征地农民的合法权益。征收组织、个人的房屋以及其他不动产，应当依法给予征收补偿，维护被征收人的合法权益；征收个人住宅的，还应当保障被征收人的居住条件……”《土地管理法实施条例》第三十二条第四款规定：“申请征收土地的县级以上地方人民政府应当及时落实土地补偿费、安置补助费、农村村民住宅以及其他地上附着物和青苗等的补偿费用、社会保障费用等，并保证足额到位，专款专用。有关费用未足额到位的，不得批准征收土地。”二是由当事人对价金支付进行约定，主要是用于私法特别限制导致的补偿。例如，《民法典》第七百零四条规定：“租赁合同的内容一般包括租赁物的名称、数量、用途、租赁期限、租金及其支付期限和方式、租赁物维修等条款。”第三百四十八条规定：“通过招标、拍卖、协议等出让方式设立建设用地使用权的，当事人应当采用书面形式订立建设用地使用权出让合同。建设用地使用权出让合同一般包括下列条款：……（六）出让金等费用及其支付方式……”此外，在构成侵权责任的情况下，无论是公法还是私法主体都要进行赔偿。这其中既有公法上的国家赔偿，如《国家赔偿法》第二条第一款规定：“国家机关和国家机关工作人员行使职权，有本法规定的侵犯公民、法人和其他组织合法权益的情形，造成损害的，受害人有依照本法取得国家赔偿的权利。”也有私法上的民事赔偿，如《民法典》第四百三十四条规定：“质权人在质权存续期间，未经出质人同意转质，造成质押财产毁损、灭失的，应当承担赔偿责任。”第七百一十一条规定:“承租人未按照约定的方法或者未根据租赁物的性质使用租赁物,致使租赁物受到损失的,出租人可以解除合同并请求赔偿损失。”

四、集体土地征收中的补偿请求权

《土地管理法》第四十五条规定:“为了公共利益的需要,有下列情形之一,确需征收农民集体所有的土地的,可以依法实施征收:(一)军事和外交需要用地的;(二)由政府组织实施的能源、交通、水利、通信、邮政等基础设施建设需要用地的;(三)由政府组织实施的科技、教育、文化、卫生、体育、生态环境和资源保护、防灾减灾、文物保护、社区综合服务、社会福利、市政公用、优抚安置、英烈保护等公共事业需要用地的;(四)由政府组织实施的扶贫搬迁、保障性安居工程建设需要用地的;(五)在土地利用总体规划确定的城镇建设用地范围内,经省级以上人民政府批准由县级以上地方人民政府组织实施的成片开发建设需要用地的;(六)法律规定为公共利益需要可以征收农民集体所有的土地的其他情形。前款规定的建设活动,应当符合国民经济和社会发展规划、土地利用总体规划、城乡规划和专项规划;第(四)项、第(五)项规定的建设活动,还应当纳入国民经济和社会发展年度计划;第(五)项规定的成片开发并应当符合国务院自然资源主管部门规定的标准。”从而明确了因公共利益的需要,国家可以对集体土地进行征收,同时,明确了“公共利益”的具体情形。由于征收集体所有的土地属于对集体经济组织财产权的重大特别限制，集体经济组织因此受有特别牺牲，因此，《土地管理法》第四十八条第一款、第二款规定了补偿事宜：“征收土地应当给予公平、合理的补偿，保障被征地农民原有生活水平不降低、长远生计有保障。征收土地应当依法及时足额支付土地补偿费、安置补助费以及农村村民住宅、其他地上附着物和青苗等的补偿费用，并安排被征地农民的社会保障费用。”被征地主体可以据此享有补偿请求权，具体如下。

（一）所有权的补偿请求权

目前，根据《土地管理法》的规定，集体经济组织以外的主体使用集体土地进行开发建设主要有两种方式：一是根据该法第四十五条的规定，对集体土地进行征收，将集体土地由集体所有转变为国家所有后，再通过国有土地的出让、转让进行开发利用；二是依据该法第六十三条第一款“土地利用总体规划、城乡规划确定为工业、商业等经营性用途，并经依法登记的集体经营性建设用地，土地所有权人可以通过出让、出租等方式交由单位或者个人使用，并应当签订书面合同，载明土地界址、面积、动工期限、使用期限、土地用途、规划条件和双方其他权利义务”的规定，通过出让、出租等方式直接使用集体土地，而不改变集体土地的性质和所有权状况。通过对上述财产权限制体系的分析可以看出，二者都对财产权进行了限制，区别在于，土地征收是为了公共利益而依据法律规定对特定主体的财产权进行的限制，属于财产权特别限制中的公法限制，而集体土地入市属于私法限制。对于后者，可以通过约定土地出让价金的方式补偿。前者则构成特别牺牲，被征收土地的所有权人有根据法律规定获得补偿安置的请求权。《土地管理法》第四十七条中规定，县级以上地方人民政府应当组织有关部门与拟征收土地的所有权人、使用权人就补偿、安置等签订协议。《土地管理法实施条例》第三十一条规定，征收土地申请经依法批准后，县级以上地方人民政府对个别未达成征地补偿安置协议的应当作出征地补偿安置决定，并依法组织实施。由于签订补偿安置协议以及在协商不成情况下作出征地补偿安置决定是被征收人获得补偿的具体实现方式，因此，如果征收部门没有以协商或者是征收决定的方式履行安置补偿职责，被征收人可以就此向复议机关申请复议，或是向人民法院提起诉讼，要求征收部门履行补偿安置职责。

（二）他物权的补偿请求权

他物权作为独立于所有权的一种物权，其在被剥夺或者受到严重影响时，与所有权一样，应当享有补偿安置请求权。例如，《荷兰民法典》第一百二十一条规定："不动产或者动产被征收、征用致使用益物权消灭或者影响用益物权行使的，用益物权人有权依照本法第四十二条、第四十四条的规定获得相应补偿。"在我国，集体土地的所有权属于农村集体经济组织，而根据《民法典》和《土地管理法》的相关规定，在集体土地所有权上可以设立土地承包经营权、宅基地使用权、承包地经营权、经营性建设用地使用权等他物权。从《土地管理法》

第四十七条第四款“拟征收土地的所有权人、使用权人应当在公告规定期限内，持不动产权属证明材料办理补偿登记。县级以上地方人民政府应当组织有关部门测算并落实有关费用，保证足额到位，与拟征收土地的所有权人、使用权人就补偿、安置等签订协议……”和《土地管理法实施条例》第三十一条“征收土地申请经依法批准后，县级以上地方人民政府应当自收到批准文件之日起十五个工作日内在拟征收土地所在的乡（镇）和村、村民小组范围内发布征收土地公告，公布征收范围、征收时间等具体工作安排，对个别未达成征地补偿安置协议的应当作出征地补偿安置决定，并依法组织实施”的规定以及实践情况来看，我国的土地征收在使所有权主体发生改变的同时，通常也将依附于土地所有权上的他物权一并消灭，而不是他物权发生转移。对于集体土地上的他物权人来说，一般无法要求新的土地所有权人接受原物上已设定的他物权，而只能享有因物权丧失而取得的补偿安置请求权。

在现行《土地管理法》及其实施条例修改前，我国的征收程序将被征收人仅限定为“所有权人”，导致实践中常常将他物权人排除在补偿安置范围之外，或者只能通过民事途径从所有权人获得的补偿安置利益中进行二次分割，他物权人的物权利益难以得到有效保障。《民法典》出台后，第三百二十七条规定：“因不动产或者动产被征收、征用致使用益物权消灭或者影响用益物权行使的，用益物权人有权依据本法第二百四十三条、第二百四十五条的规定获得相应补偿。”2021 年修订后的《土地管理法实施条例》第二十九条第一款规定：

"县级以上地方人民政府根据法律、法规规定和听证会等情况确定征地补偿安置方案后，应当组织有关部门与拟征收土地的所有权人、使用权人签订征地补偿安置协议……"从而将补偿安置的对象从"所有权人"扩大到了"使用权人"，正式为他物权人的补偿安置请求权提供了请求权基础。在集体土地上常见的他物权中，宅基地使用权、承包经营权都是基于集体经济组织成员权无偿获取的用益物权，这两种权利的补偿已经在集体经济组织成员从集体经济组织所得土地补偿款的二次分配中实现或者说两种权利实现了竞合。以市场化方式流转产生的集体经营性建设用地使用权人、承包地经营权人等则获得独立于集体经济组织的补偿安置请求权，可以作为被征收人向征收部门请求就他物权的损失进行补偿安置。具体的补偿方式，本书将在后面几章中详细论述。

（三）准征收的补偿请求权

以上论述的内容，无论是基于所有权还是他物权而取得的补偿安置请求权，都是在相关权利所附着的土地属于被征收的客体，权利主体与征收部门之间形成征收法律关系后，在该关系下产生并解决的补偿问题。如果公共用地引起的损失无法纳入征收法律关系，或者相关损失无法对应特定的物权类型，那么因征收行为受有损失者应当如何请求补偿因特别牺牲而产生的损失呢？例如，某城中村紧邻地铁站，该村内相邻地铁站的土地长期供地铁站进出人员通行使用，但未被政府征收，可否请求补偿？在这个例子中，村集体的土地本来应该由该集体的成员占有、使用、收益,却供不特定的非本集体经济组织的人员长期通行,从而形成了“公用地役关系”,本书将其称为“准征收”。在村集体经济组织因此而受到损失,并且损失符合特别牺牲要件的情况下,该损失是应当得到补偿的。问题是,在承认“公用地役权”的国家,补偿可以根据公用地役权对土地所有权人合法权益造成影响的程度,经准征收的被征收人申请,由政府代表不特定民众通过减免税收、支付补偿费直至征收等方式予以解决。在我国,“公用地役权”并非法定的物权类型,在一个奉行“物权法定”的国家中,这意味着法律上没有为因“公用地役关系”产生的物权限制及相应损失设定补偿请求权,“准征收”的状态虽然在事实上存在,但没有相应的法律制度加以规范。因此,土地所有权人、使用权人无法据此主张补偿,更不可能请求国家征收该块土地。那么,是不是可以通过土地所有权的物上请求权直接向通行人主张排除妨碍或者要求赔偿呢?理论上似乎可以,但实践当中无法实现。因为道路的通行人是不特定的,这意味着物上请求权的对象不确定,从而使补偿请求权事实上难以行使。若要在道路上设卡收费,或者采取类似的强制措施,则需要相关部门审批,但审批的基础是其财产损失得到有关部门的认可。但如上文所言,这种损失目前尚没有明确的法律依据,因此很难得到认可。

除了上述情况,事实上,很多因公共利益而使财产受到限制的法律规定都没有为受限制者可能受到的财产损失设定补偿请求权。例如,前面提到的《电力法》第五十三条第二款规定:“任何单位和个人不得在依法划定的电力设施保护区内修建可能危及电力设施安全的建筑物、构筑物,不得种植可能危及电力设施安全的植物,不得堆放可能危及电力设施安全的物品。”《公路法》第四十七条第一款规定:“在大中型公路桥梁和渡口周围二百米、公路隧道上方和洞口外一百米范围内,以及在公路两侧一定距离内,不得挖砂、采石、取土、倾倒废弃物,不得进行爆破作业及其他危及公路、公路桥梁、公路隧道、公路渡口安全的活动。”都只规定了对财产权的限制,而没有对相应的补偿作出规定,即没有为财产权人设定补偿请求权。这种情况会出现,从理论上讲,根源有二:一是现有民法体系中物权的设定不够完善。《民法典》所规定的物权种类,尤其是用益物权种类无法涵盖现实生活中的全部物权类型,从而出现立法保护缺位。其中最重要的是缺少因公共通行、公共设施保留用地等形成的公用地役权。二是行政法律体系中没有设立管制性征收制度,征收对象的设定不够精细。在现有法律框架下,我国的征收都是“零和”征收,即无论是对土地所有权的征收,还是对他物权的征收,都是对财产权人全部物权的征收,而不存在征收一部分物权,保留另一部分物权的问题。这就意味着,因公共利益对个人财产的限制和使用如果没有达到完全侵害的程度,就不可能进入征收程序,从而不可能获得任何补偿。从《民法典》第二百四十三条以及前述《土地管理法》及其实施条例的相关规定来看,征收行为导致的损失,在现有法律框架下只能通过对被征收人补偿安置的方式实现。在被限制的财产没有被纳入征收法律关系的情况下，由于财产权人不是法律上的“被征收人”，其所遭受的损失是无法通过纳入征收法律关系予以解决的。在本节讨论的案例、法例以及现实生活里众多的规划活动中，因公共利益对财产的限制很多时候并不需要如同征收一般达到完全剥夺财产权的程度，而只是限制财产权中的部分权能，如使用权即可。相应地，如果可以通过创设“准征收”制度使国家可以根据使用需要只征收部分物权权能，那么既可以使因财产被公共利用而遭受特别牺牲的权利人获得公平补偿，又可以使国家在支付较低补偿金额的情况下就实现对物的有效利用，这对于征收人和被征收人来讲都是有利的。

目前，在立法层面未能解决上述问题的情况下，本书认为可行的方式是通过在司法实践中承认特别牺牲理论来构建特别牺牲补偿请求权，从而“一揽子”解决上述问题。无论是否征收所有权或者特定种类的物权，只要因公共利益需要而对财产权有所限制，并造成财产权人的特别牺牲，就允许财产权人向国家请求补偿损失。

（四）债权的补偿请求权

债权作为财产权的重要组成部分，在集体土地征收过程中的补偿问题受到极大关注。近年来，我国集体土地制度的改革基本沿着所有权→用益物权→债权的路径展开，目的是提升集体土地的利用效率。例如，修正后的《土地管理法》规定，“土地利用总体规划、城乡规划确定为工业、商业等经营性用途，并经依法登记的集体经营性建设用地，土地所有权人可以通过出让、出租等方式交由单位或者个人使用”。这里经由出租方式取得集体经营性建设用地使用权的主体，所享有的就是债权性质的租赁权。此外，《土地管理法》第六十二条第五款、第六款规定：“农村村民出卖、出租、赠与住宅后，再申请宅基地的，不予批准。国家允许进城落户的农村村民依法自愿有偿退出宅基地，鼓励农村集体经济组织及其成员盘活利用闲置宅基地和闲置住宅。”据此，农村村民，尤其是进城落户的农村村民完全可以通过将宅基地出租给本村其他村民的方式盘活利用闲置宅基地，这里也产生了作为债权的租赁权问题。此外，实践中大量存在的村集体将土地出租给企业用于经营以及建设并出租“小产权房”等灰色地带，也大都涉及债权问题。

如前所述，在土地征收过程中，一项财产权只有构成特别牺牲时才能够得到补偿，而特别牺牲需具备以下几个要件：财产权权能丧失；财产权受到实质性侵害；损害显而易见，以至于正常有理性的人都无法忍受。对于债权而言，根据“物债二分”的原则，虽然征收行为会导致原物权人所享有物权的丧失，但由于债权的对象是债务人的给付行为而非特定物，因此，征收行为并不会直接导致债权的灭失。故而，在征收过程中，一般而言，债权并不丧失其权能，在物权转移伴随着公平补偿的前提下，其也不会受到实质性损害。因此，债权人通常并不会因为征收而受有特别牺牲，也就无从享有补偿请求权。例外的是，如果征收部门对物权的补偿没有能够涵盖债权人的合法利益，例如，征收部门与作为房屋所有权人的出租人签订的补偿安置协议中,没有就承租人的装饰装修、停产停业等损失的补偿进行约定,就会导致要么债权人的利益无法在债的法律框架下解决,要么债务人的利益因为补偿不足而受损。总之,巧妇难为无米之炊,民事法律关系“分蛋糕”的技术再好,也无法解决行政法律关系“做蛋糕”不够大的问题。此时,就应当赋予债权人就其合法债权所享有的权益直接向征收人进行主张的补偿请求权,从而产生类似于民法上债的保全的法律效果,以确保债权不因征收而受到实质性的损害。

这里需要讨论的是,在债权体系中,除普通债权外,还有一些具有一定物权属性的债权(也即物权化的债权),这些债权突破了债的相对性,具有对抗第三人物权的效力,如本书前面讲到的不动产租赁权和经过预告登记的不动产债权。在实务界和学术界,这两类特殊的债权是否属于征收的客体,是否应当享有补偿请求权,是一个颇有争议的问题。持肯定观点的学者认为,不动产租赁权和经过预告登记的不动产债权异于普通债权,其通过法律规定或是登记,具备了对抗其他第三人物权的效力,而这种“对抗性”在征收过程中的表现,就是其应当与物权一样成为独立的征收客体,一般性地享有补偿请求权。对此,笔者认为:首先,无论是经过预告登记的债权,还是不动产租赁权,虽然其具备了对抗其他物权人的属性,但基础仍然是基于当事人的不动产物权变动合同而产生的债权,其本质仍是一项债权。作为债权,其就具有独立于物权的属性,在征收过程中这表现为,征收所导致原物权的消灭并不当然引起债的消灭,后者有自己特有的、法定的消灭途径和方式。既然征收并不直接导致债权的消灭,那么,债权自然也就不能当然的因为征收而一般性的成为被征收的客体。其次,物权性债权具有的所谓“对抗性”,主要是对抗民事法律关系中其他基于法律行为取得物权的第三人,即主要适用于继受取得领域。然而征收是一种原始取得,作为一种非合意的取得方式,其典型特征就是非依他人权利取得。因此,物权性债权具有的“对抗性”是无法对抗征收行为的,自然也就不存在从“对抗性”引发出其可以一般性的作为独立征收客体,并享有补偿请求权的问题,而只能是以特别牺牲理论这一公法理论为基础,从公权力运行的角度出发,对特定情形下债权人因征收而受到的特别牺牲,例外地给予补偿请求权。

第三章

公平补偿原则与征收补偿标准

集体土地征收,从社会角度来讲,是对农民集体土地所有权的占有;从集体经济组织成员角度来讲,是土地所有权的让渡。根据相关法律规定,没有补偿就没有征收,而根据分配正义理论,所有权人既然让渡了土地所有权,就应当得到相应的补偿。由此,补偿是与补偿对象的属性直接关联的,补偿标准的理想状态是与补偿对象的价值相符。为此,欲了解和确定我国集体土地征收补偿的标准,必须从对我国集体土地征收补偿对象法律属性的分析入手。

一、集体土地的权利属性

《土地管理法》将包括集体土地在内的土地用途分为农用地、建设用地和未利用地。其中,农用地和未利用地通常以土地承包经营权的方式进行分配利用,建设用地则通过宅基地使用权、经营性建设用地使用权和公益性建设用地使用权的方式加以利用。经过承包地和"三块地"改革,目前,除公益性建设用地使用权外,上述各项权利普遍实现了所有权和使用权的分离,并进一步在使用权中细分出强调社会保障属性的资格权和强调财产使用属性的用益物权。

(一)承包地的权利属性

在农村承包地三权分置制度中,所有权对外明确了农地的产权界限,与农用地转用审批制度和土地征收制度结合发挥了防止农村土地非农业用途的制度防火墙作用,对内则发挥了防止土地私有化,以及协调沟通土地承包权人与土地经营权人关系的制度功能。其中,承包权分担了农地原有的社会保障功能,为失去土地实际经营权的农民提供了较为可靠的经济保障。经营权则吸收和稳定了先进生产要素的投入及预期,为市场配置生产要素作用的发挥提供了空间,提高了农地在新的社会条件下的经济效率。

(二)宅基地的权利属性

宅基地三权分置改革中,所有权旨在坚持宅基地归集体所有,从而防止外部资本侵占控制农村集体土地;资格权旨在确保集体经济组织成员基于成员资格而享有的住房权益,实现宅基地“户有所居”社会保障功能的发挥;使用权赋予宅基地用益物权权能,强化宅基地的财产属性,激活宅基地的使用效率,为承接资本、人力、技术等要素返乡下乡创造条件,同时为进城就业的农民在城市买房、租房安居等方面提供收入保障,从而加速新型城镇化进程。[①]

(三)集体经营性建设用地的权利属性

集体经营性建设用地改革的本质,是通过对农村集体建设用地的市场化配置,盘活存量土地,充分利用土地资产价值,实现土地增值的过程。《土地管理法》第六十三条第一款

① 参见周其仁:《城乡中国》(修订版),中信出版集团股份有限公司2017年版,第475-480页。

规定:“土地利用总体规划、城乡规划确定为工业、商业等经营性用途,并经依法登记的集体经营性建设用地,土地所有权人可以通过出让、出租等方式交由单位或者个人使用,并应当签订书面合同,载明土地界址、面积、动工期限、使用期限、土地用途、规划条件和双方其他权利义务。”上述规定放开了建设用地必须使用“国有土地”的限制,使集体经营性建设用地可以不经征收,直接进入土地一级市场。同时,该法规定“集体经营性建设用地的出租,集体建设用地使用权的出让及其最高年限、转让、互换、出资、赠与、抵押等,参照同类用途的国有建设用地执行”,从而使集体经营性建设用地与国有建设用地同地同权。上述规定使符合法定条件的集体经营性建设用地的权利模式从“一元”转为“二元”,即由土地所有权和使用权均由集体经济组织享有,变为土地所有权归集体经济组织,从而确保所有制基本形态不变,而使用权可以由受让的权利主体享有,达到引入市场调配资源机制的目的。由于集体经营性建设用地在改革前主要用于乡镇企业建设,而不是个人使用,所以它不像承包地和宅基地一样直接承载集体经济组织成员个人的社会保障功能。但是,集体经营性建设用地属于集体经济组织财产,事关集体经济组织的收益和分配,因此,从根本上说,它间接承载着集体经济组织的社会保障功能,只是这种功能与其所有权一起,由集体经济组织而非个人享有和处分。集体经营性建设用地二元模式下的使用权,与承包地“三权分置”模式下的“经营权”和宅基地“三权分置”模式下的“使用权”一样,激活了集体经营性建设用地基于用益物权而产生的经济功能，充分发挥了市场在土地资源配置中的决定性作用，为促进乡村产业集聚、转型发展提供了有效平台，实现了城乡土地平等入市、公平竞争，从而培植了市场信心，激发了农村土地资源活力。①

总体而言，中国农村土地改革的方向，是在坚持集体所有这一公有制形态的前提下，打破城乡二元的制度壁垒，使土地财产权能的重点逐渐从“所有”转向“利用”，强化农民土地财产权利的市场化资源配置属性。在这一改革过程中，土地集体所有不再是“一项权利”而是“一束权利”，它包含了集体的土地所有权、成员的土地承包经营权、宅基地资格权以及在此基础上通过市场化方式流转产生的承包地经营权和集体经营性建设用地使用权等多项权利。这些权利中，土地所有权和通过市场化方式流转产生的承包地经营权、集体经营性建设用地使用权等用益物权突出了土地作为生产资料的物权属性，由成员权衍生的土地承包权、宅基地资格权等各项权利则更强调土地作为社会保障的生存权属性。那么，物权和生存权属性是否就是集体土地所承载的全部权利内涵呢？答案是否定的。

（四）集体土地的发展权

劳动群众集体所有制是我国社会主义公有制的形式之一，其中，农村土地的集体所有是与城市土地国家所有并列的

① 参见《国务院关于农村土地征收、集体经营性建设用地入市、宅基地制度改革试点情况的总结报告》。

土地的社会主义公有制的重要内容。但是,与城市土地的所有者,也就是国家不同的是,农村土地的所有者集体经济组织并不享有与城市国有土地完全相同的所有者权益。《土地管理法》第四条规定:“国家实行土地用途管制制度。国家编制土地利用总体规划,规定土地用途,将土地分为农用地、建设用地和未利用地。严格限制农用地转为建设用地,控制建设用地总量,对耕地实行特殊保护……使用土地的单位和个人必须严格按照土地利用总体规划确定的用途使用土地。”据此,我国通过制定土地规划,实行严格的土地用途管制制度,其实质就是对土地未来的合理使用作一个宏观性、战略性和目标性的制度安排,通过土地用途的设定和管制来实现土地资源的优化配置。由于规划和管制使该幅土地的价值仅限于当前用途,因此必然带来不同规划和管制地块之间的土地价值差异,使土地所有者或因允许进行特定用途的开发而获益,或因限制特定用途的开发而受损。以我国农村为例,农村集体土地大多为严格限制农业用途的农用地,农用地的市场价值远低于可用于商业开发的城市国有建设用地。在用途管制制度下,集体土地的所有者无权将土地向更高收益用途的土地类型转换,只能在规定用途下开发利用土地。这意味着集体土地的所有者实际并不掌握土地的全部处分权利,其丧失的这部分权能在学理上被称为“发展权”。

土地发展权是指权利人对土地利用具有变更的权利,包括改变产权、土地用途及土地利用强度等。[①] 1992 年原国家土地管理局发布的《各国土地制度研究报告》中对土地发展权的定义是土地变更为不同性质使用之权,如农地变为城市建设用地或对土地原有作用的集约度升高、变更土地使用类别的决定权等。以农用地为例,其发展权体现在两个方面:一方面是农地的农业用途向建设用地转变而获得发展增值。目前,有两种实现途径:一是农用地通过征收转变为国有建设用地,二是农用地通过农转用审批转变为农村建设用地。另一方面是在土地农业用途不变的情况下通过集约化开发等形式,提高土地利用强度,形成土地增值,如在不改变农地性质的前提下,提高耕地利用效率或者将耕地改为林地或者养殖用地。目前,农地发展权的第一项内容是严格受到管控的,无论是农转用审批还是集体土地征收,批准权都掌握在国家而非集体经济组织手中。农地发展权的第二项内容事实上也并不由集体经济组织完全掌握。《土地管理法》第四条第二款规定:"国家编制土地利用总体规划,规定土地用途,将土地分为农用地、建设用地和未利用地。严格限制农用地转为建设用地,控制建设用地总量,对耕地实行特殊保护。"与此同时,《土地管理法实施条例》第十二条第一款规定:"……严格控制耕地转为林地、草地、园地等其他农用地……"此外,《关于严格耕地用途管制有关问题的通知》(自然资发〔2021〕166号)要求严格落实永久基本农田特殊保护制度,严格管控一

① 参见吴宇哲、彭毅、鲍海君:《基于土地发展权分配的征地区片综合地价研究》,载《浙江大学学报(人文社会科学版)》2008 年第 6 期。

般耕地转为其他农用地。国务院办公厅《关于坚决制止耕地“非农化”行为的通知》（国办发明电〔2020〕24 号）要求严禁违规占用耕地绿化造林，严禁超标准建设绿色通道，严禁违规占用耕地挖湖造景，严禁占用永久基本农田扩大自然保护地，严禁违规占用耕地从事非农建设等。国务院办公厅《关于防止耕地“非粮化”稳定粮食生产的意见》（国办发〔2020〕44号）提出要明确耕地利用优先序。对耕地实行特殊保护和用途管制，严格控制耕地转为林地、园地等其他类型农用地。永久基本农田是依法划定的优质耕地，要重点用于发展粮食生产，特别是保障稻谷、小麦、玉米三大谷物的种植面积。一般耕地应主要用于粮食和棉、油、糖、蔬菜等农产品及饲草饲料生产。耕地在优先满足粮食和食用农产品生产基础上，适度用于非食用农产品生产，对市场明显过剩的非食用农产品，要加以引导，防止无序发展。由此可见，农民虽然可以在一定程度上调整农业作物的种植强度和种植方式，通过规模化、集约化、现代化的农业经营从而增加农地效益，但是种植种类仍然受到管控，通过改变种植对象提高农业生产效益和农地利用效益的权利同样受到限制。当然，限制集体土地发展权是为了实现国家的农业稳定、粮食安全等整体战略，正是从这个意义上说，中国农民为中国社会的稳定发展作出了巨大的牺牲和贡献。只是，这种被牺牲的权利不应当因其牺牲而被遗忘。

综合以上内容，我国农村集体土地具有四重权利属性：一是作为集体经济组织财产的所有权属性；二是作为集体经济组织成员社会保障的生存权属性；三是作为一种社会资本的用益物权属性；四是作为农地可期待利益的发展权属性。这四重权利属性，作为征地补偿的具体内容，构成了我们对集体土地补偿安置制度进行分析的理论基点。

二、征收补偿的一般标准与土地征收补偿原则的确立

（一）征收补偿的标准体系

在土地征收过程中，对被征收人的补偿按照不同标准大致可分为五种情形，即不补偿、公告地价补偿、公平市价补偿、经济价值补偿和计划价值补偿。由于对征收的土地进行补偿已经成为一种法定义务，所以不予补偿的情况很少出现在依法征收过程中，故而此处不予讨论。

公告地价补偿是指以政府相关部门公告的该地区的综合地价为标准进行补偿。例如，《土地管理法》第四十八条第三款规定："征收农用地的土地补偿费、安置补助费标准由省、自治区、直辖市通过制定公布区片综合地价确定。制定区片综合地价应当综合考虑土地原用途、土地资源条件、土地产值、土地区位、土地供求关系、人口以及经济社会发展水平等因素，并至少每三年调整或者重新公布一次。"《土地管理法实施条例》第三十二条第一款规定："省、自治区、直辖市应当制定公布区片综合地价，确定征收农用地的土地补偿费、安置补助费标准，并制定土地补偿费、安置补助费分配办法。"

公平市价补偿，即按照市场行情进行补偿，具体指若不被征收，买卖双方在市场中自愿交易时，考量标的物所有可能用途后，所合致之价格。理论上，公告地价如果能够真正体现区

位、用途、供求等多种影响土地价值因素，其应当等于公平市价。但是，从世界各国的实践来看，由于公告地价的调整不及时，特定被征收地块的价值可能远高于根据平均情况得出的公告地价，以及公告地价的评定受到包括潜在征收人在内多种因素的干扰等原因，土地实际的市场交易价格几乎毫无例外总是高于政府的公告地价。因此，基于尊重现实和遵循国际惯例的考虑，我们把公告地价和公平市价作为两种标准分别列举。

经济价值补偿是在公平市价基础上附加所有权人的主观价值所形成的补偿数值。在所有权人对其所有的土地除财产价值外没有主观方面特殊意义的情况下，主观价值为零，经济价值等于公平市价。如果土地对所有权人具有超出一般市场交易物的特殊意义，如累世祖宅、特殊的地理环境和邻里关系等，则其主观价值为正，经济价值等于公平市价加主观价值。由于主观价值总是大于或者等于零的，所以经济价值总是大于或者等于公平市价。

计划价值是政府征收土地所欲完成之公用计划所能带来的总价值分摊到各被征收土地上之价值。[①] 例如，某集体土地被征收后进行水电站开发建设，该电站自身及使用年限内发电电量的总价值为 20 亿元，电站建设导致周边土地升值 10 亿元，则被征收土地的计划价值为征收前土地的经济价值加 30 亿元。一般情况下，政府的征收和投资行为是基于经济

① 参见张永健：《土地征收与管制之补偿——理论与实务》，台北，元照出版有限公司 2020 年版，第 21 页。

理性的，因此，计划价值总是大于经济价值，或者至少高于公平市价。计划价值补偿是指土地被征收时，将土地原用途的价值与因土地用途改变而产生的增值部分的价值一并补偿给被征收人的补偿方式。

从补偿程度来看，计划价值的补偿是对被征收人现在以及未来可能拥有的全部土地价值的“完整补偿”。但是，由于实际发生的补偿只能针对“特别牺牲”进行，而在我国，征收作为一种公权力行为通常是出于公共利益，非因公共利益的用地行为一般只能通过出让、转让的方式进行，故而征收所产生的土地增值一般也是通过形成公共利益的方式返回给被征收人乃至全社会。这样一来，被征收人未来利益的损失因为得到一定程度的弥补而被视为不构成特别牺牲，所以通常不在具体的征收个案中予以补偿。在此情况下，除去土地未来增值收益的经济价值补偿，就成为对被征收人所遭受的全部损失的“充分补偿”。实践中，经济价值补偿中的主观价值部分一般通过协商确定补偿标准或者在个案中双方就补偿数额进行谈判等方式实现。公平市价补偿由于没有考虑被征收人的主观价值，所以可能低于被征收人的实际损失，但其补偿数额形成于市场交易过程中，是假设土地所有权人在权衡各方面因素后自愿将土地在市场上交易所可能得到的一般交换物价值。由于该价值是公平交易的结果，所以它可以视为与被征收人损失（不包含土地增值和主观价值部分的土地价值）相当的“公平补偿”。

这里需要讨论的是，公平市价标准适用的前提是存在交易，并形成一定规模的市场，那么，我国的集体土地可以交易吗？如果用一句话来回答这个问题，那就是：土地不能交易，不等于土地上的权利不能交易。根据《土地管理法》《农村土地承包法》的规定，集体土地根据用途的不同，分为农用地、建设用地和未利用地。其中，农用地和未利用地上承载的权利一般是土地承包经营权，建设用地上承载的权利包括宅基地使用权、经营性建设用地使用权和公益性建设用地使用权。根据现行法律规定，集体土地的所有权属于农村集体经济组织全体成员，土地承包经营权和宅基地使用权属于集体经济组织成员。其中，土地承包经营权可在集体经济组织内部流转，同时可以析出允许自由流转的经营权。宅基地使用权也可以在集体经济组织内部流转，同时在改革试点地区以及可预见的未来能够析出既可自由流转又独立于资格权的宅基地使用权。加上根据现行《土地管理法》的规定，可以在特定条件下进入一级市场交易的集体经营性建设用地使用权，我国目前实际可以进行交易的土地权利类型有承包地经营权、集体经营性建设用地使用权。再加上目前正在试点的宅基地使用权和在特定条件范围内可以转移的承包经营权，共计四种类型。由此可见，在我国，集体土地虽然不能交易，即集体土地的所有权不能交易，但在符合规划、用途管制和依法取得这“三驾马车”的护航下，土地使用权的交易空间正逐步放开。事实上，在乡村振兴整体站位下，我国农村土地制度改革不断深化，农地要素市场化配置日益增强。农业农村部统计资料显示，2020 年全国家庭承包耕地流转面积已达 5. 32 亿亩。

在现行《土地管理法》将土地补偿由农产品价格“天花板”式封顶改为耕地要素价格“地板”式抬升的背景下，公平市价补偿标准所需要的市场价格必将逐渐形成并不断完善，从而使公平市价补偿标准存在适用的现实空间。

至于公告地价，如前文所述，一般而言，就是打了折扣的公平市价，被征收人据此拿到的补偿额通常是可以通过市场交易获得的土地价值的几成，故而只能属于“适当补偿”。

（二）对我国征收补偿原则的分析

我国《土地管理法》第四十八条第一款规定：“征收土地应当给予公平、合理的补偿，保障被征地农民原有生活水平不降低、长远生计有保障。”据此，2019 年《土地管理法》修正后，我国集体土地征收过程中的补偿原则就成为“公平、合理”再加上“有保障”。在此之前的《土地管理法》只规定“按照被征收土地的原用途给予补偿”，这一规定明确地排除了包含征收后土地增值部分补偿的计划价值补偿标准，但对于是按照土地原用途的“公告地价”、“公平市价”还是“经济价值”进行补偿，并不明确。可以说，在 2019 年修法前，我国的集体土地征收处于一种有补偿标准但无补偿原则的状态。那么，2019 年修正后的《土地管理法》确定的“公平、合理”加“有保障”的补偿原则是一个什么档次的补偿标准呢？

1. 关于“公平”原则的分析。“公平”一定是相对于某个参照对象而言的，通常情况下，作为一种可量化的补偿标准，这个对象应该是与被征收土地相同类型土地的市场价值或者是相应的可得价值。从相关的立法资料来看,《土地管理法》确立“公平”标准的目的是“按照市场原则,以原用途的市场价值为基础”[①]进行补偿,“主要目的是使征地补偿标准符合社会主义市场经济发展形势”[②],也就是执行公平市价的补偿标准。理论上来说,对于可以交易并存在交易市场的权利,最能够体现公平原则的补偿标准是公平市价标准,实践中一般通过与被征收土地具有可比性的同类土地的销售价值进行计算,即可比销售法。但我国的集体土地长期以来不允许进行市场交易,土地作为一种生产要素,其市场化进程刚刚开启,目前也只有前述四种土地权利类型是可以进行交易的,且相应的市场尚未完全成熟,因此,严格落实公平市价补偿标准的现实基础尚不完全具备。在土地自身的交易市场阙如的情况下,相对而言,比较符合公平原则的做法就是在确定补偿标准时,引入与市场功能类似的,其他能够反映土地区位、供求关系、人口以及经济社会发展水平等因素的评判标准,而不是单纯以土地产值为计算标准。

从自然资源部公布的《征收农用地区片综合地价测算规程》(征求意见稿)中农用地区片地价的测算方法来看,该方案实际上仍然是将以主要农产品价格为核心的农用地产值还原法和农用地价格调整法计算出的农用地的产值作为被征收土地补偿价值的基础。但有所不同的是,该规定通过承认土

---

① 甘藏春:《土地正义——从传统土地法到现代土地法》,商务印书馆 2021 年版,第 382 页。

② 王瑞贺、魏莉华主编:《中华人民共和国土地管理法释义》,中国民主法制出版社 2020 年版,第 117 页。

地区位和供求造成的征收过程中形成的可能远超土地被征收前3年平均年产值30倍的补偿数额(征地案例比较法),并通过定期根据土地供求、社会经济发展指标等形成的社会经济指标进行修正(社会经济指标更新法),不但在原有标准基础上提高了补偿数额,而且解决了产值相同但区位、供求等因素不同的土地在征地过程中形成的不同补偿价格的问题,回应了在无法全面有效从土地市场获取公平市价的前提下,如何尽可能体现土地区位、供求关系、人口以及经济社会发展水平等要素的问题。至于征收农用地以外的其他土地的补偿标准,《土地管理法》授权由省、自治区、直辖市制定。实践中,多数地方以农用地区片地价为基础,通过系数修正得出相应的补偿数值。例如,山东省人民政府《关于山东省征地区片综合地价的批复》(2020年5月30日)规定:"……本征地区片综合地价是指征收一般农用地的土地补偿费与安置补助费之和,其他地类以征地区片综合地价为基础按以下系数调整:永久基本农田1.2,建设用地1.0,未利用地0.8……"

总体观之,我国目前施行的土地征收补偿标准是在土地原用途基础上,考虑了土地的区位、供求和社会经济发展水平因素而形成的尽可能趋向于市场价值但又不完全是市场化结果的一种准"公平市价"的补偿标准。在目前农地要素市场尚未健全的情况下,这种补偿标准作为一种权宜之计,尚可理解。但如前文所述,随着改革的不断深入,集体土地补偿的重心应当也必然从"土地产值"不断转向"土地价值",从而让土地所有者权益能够充分体现其市场价值,让基于市场行为取得土地使用权的使用者权益真正得到保障，进而稳定土地改革的成果。目前，以区片综合地价为征收土地的补偿标准，只能说尽可能地反映了土地的综合价值，但其与土地的实际市场价格仍有差距，因而据此对被征收土地进行的补偿，实质上是一种介于公告地价的适当补偿与公平市价的公平补偿之间，趋向于公平市价的补偿标准。

2. 关于“合理”原则的分析。“合理”在法律政治学领域是指符合大多数人的理性。在土地征收补偿问题上，要想让补偿标准符合大多数人的理性，最有效的办法就是听取、采纳大多数与土地征收有关的主体的意见。这意味着在选择某种补偿标准时，既要考虑被征收人的因素，也要考虑征收人的因素，从实施征收的角度来讲，还要具有可操作性。从被征收人的角度来讲，如果补偿过低，势必引发对征收行为的抗拒，拖延征收工作；如果补偿过高，则等于让全体国民为少部分人的财富埋单。从征收人的角度来讲，如果补偿过低，会诱发政府滥用征地权；补偿过高会使政府不愿启动征收工作，使公共建设无法开展。由此可见，征收行为与市场交易行为非常类似，在后者中，土地所有权人和土地购买人衡量是否出卖和买入土地时，会将对方出价与内心的经济价值进行比较。如果买家出价无法超越所有人的经济价值，将无法成交。反之，如果所有人的经济价值大大超越了买家的经济价值，交易同样无法实现。因此，市场上能够发生的自愿交易行为，必定是双方在经济价值层面达成的一致。如果仅以公平市价进行买卖，土地所有人会因为内心的其他价值无法实现而不愿意出让土地;但如果按照计划价值买入,购买人就会因为无利可图而放弃欲购土地。与此类似,在土地征收过程中,在补偿标准问题上多数人的理性,其实质就是征收与被征收双方在经济价值层面达成的最大化的共识。

但是,经济价值中的主观价值涉及主观判断,如何才能精确落实呢?对此,孙中山先生曾经提出过一种方法:“就是政府照地价收税和照地价收买。究竟地价是什么样定法呢?依我的主张,地价应该由地主自己去定。许多人以为地价由地主任意报告,他们以多报少,政府岂不是要吃亏么……照我的办法,地主如果以多报少,他一定怕政府要照价收买,吃地价的亏;如果以少报多,他又怕政府要照价抽税,吃重税的亏。在利害两方面互相比较,他一定不情愿报多,也不情愿报少,要定一个折中的价值,把实在的市价报告到政府。”[①]事实上,我国台湾地区确实曾经施行过这样的方法,但是后来发现,这种做法有效的前提,是征收概率和征税概率大致相当。否则,当征收概率大于征税概率时,土地所有人为了取得较高的征收补偿,就会高报地价;当征税概率大于征收概率时,土地所有权人为了尽量少缴税款,会低报地价。由于一般情况下,征税概率要远大于征收概率,所以绝大多数人是按照公告地价的八成来申报地价,加之公告地价低于公平市价,这就意味着多数人是按照远低于真实市价的标准进行申报的。[②] 由于这

① 张永健:《土地征收与管制之补偿——理论与实务》,台北,元照出版有限公司2020年版,第48页。

② 参见张永健:《土地征收与管制之补偿——理论与实务》,台北,元照出版有限公司2020年版,第53页。

样会使征收补偿标准过低，所以土地征收常常遭到被征收人的激烈抵抗。从2000年开始，我国台湾地区的这一制度变更为按照征收时的公告土地现值补偿，同时，考虑到公告土地现值往往不能真实地反映土地交易价格，一般都会在此基础上由地价评议委员会比照一般正常交易价格评定的数额进行加成补偿。由于地价评议委员会由相关部门代表、地价评估方面专家、相关行业代表和地方公正人士等组成，其形成意见并发挥作用的过程，实际就是在公告地价标准上，通过导入以市场交易价格为形式，以各方利益博弈形成的主观价格为实质的主观价值，对公告地价进行修正，从而将补偿标准定位为介于公平市价与经济价值之间，不低于公平市价的补偿标准。

以此为例，可以发现，主观价值在土地征收过程中一般是通过综合各方意见的方式形成。2021年修订后的《土地管理法实施条例》第二十七条第一款规定："县级以上地方人民政府应当依据社会稳定风险评估结果，结合土地现状调查情况，组织自然资源、财政、农业农村、人力资源和社会保障等有关部门拟定征地补偿安置方案。"第二十八条规定："征地补偿安置方案拟定后，县级以上地方人民政府应当在拟征收土地所在的乡（镇）和村、村民小组范围内公告，公告时间不少于三十日。征地补偿安置公告应当同时载明办理补偿登记的方式和期限、异议反馈渠道等内容。多数被征地的农村集体经济组织成员认为拟定的征地补偿安置方案不符合法律、法规规定的，县级以上地方人民政府应当组织听证。"第二十九条第一款规定："县级以上地方人民政府根据法律、法规规定和听证会等情况确定征地补偿安置方案后，应当组织有关部门与拟征收土地的所有权人、使用权人签订征地补偿安置协议。征地补偿安置协议示范文本由省、自治区、直辖市人民政府制定。”根据上述规定，补偿安置方案的形成过程就是征收部门在区片地价和相关规范性文件确定的地上物补偿标准区间范围内吸收被征收人意见的过程。其实质是通过吸收被征收人的主观价值对公告地价进行修正，从而形成“合理”的补偿标准。

由此观之，《土地管理法》所规定的补偿安置方案的确立，绝不是政府单方面的高权行为，与征收土地的决定一样，它也是通过公共参与的模式对集体土地进行开发利用的活动。这种方式使土地征收补偿标准在实际执行过程中，通过尽可能地反映出土地的经济价值因素，使前述介于公告地价与公平市价之间的“准公平市价”补偿标准，在具体的补偿安置方案中进一步趋向于真正的公平市价，从而更加符合公平原则。

3. 关于“有保障”问题的分析。由于《土地管理法》在确定“公平”“合理”原则的同时，将“原有生活水平不降低、长远生计有保障”作为与“公平”“合理”原则并列的兜底性条款，所以我们必须对这一极具中国特色的补偿标准进行全面的分析和解读。如前文所述，对于我国农村村民来说，土地不仅是具有物权意义的生产资料，还具有社会权层面的社会保障功能。如果只是着眼于土地的生产资料功能，忽略其社会保障功能，简单地按照市场价格补偿，一旦遇到市场波动，农民抗风险能力又不强，就有可能造成一大批“无地无就业无保障”的“三无”农民，这是我国社会主义制度所不允许的。[①] 为此，2004年，国务院出台了《关于深化改革严格土地管理的决定》（国发〔2004〕28号），该决定明确提出：“县级以上地方人民政府要采取切实措施，使被征地农民生活水平不因征地而降低。要保证依法足额和及时支付土地补偿费、安置补助费以及地上附着物和青苗补偿费。依照现行法律规定支付土地补偿费和安置补助费，尚不能使被征地农民保持原有生活水平的，不足以支付因征地而导致无地农民社会保障费用的，省、自治区、直辖市人民政府应当批准增加安置补助费。土地补偿费和安置补助费的总和达到法定上限，尚不足以使被征地农民保持原有生活水平的，当地人民政府可以用国有土地有偿使用收入予以补贴。”该规定体现了两层意思：第一层是生活水平不降低，主要指被征地人当前的生活水平，包括居住条件、收入水平等不会因为土地征收而降低；第二层是长远生计有保障，包括提供就业技能培训和就业机会、纳入社保体系等配套措施。[②] 2019年，《土地管理法》修正，将这一原则写入。从立法意图上看，“有保障”原则中的“生活水平不降低”主要是针对被征收土地的财产性价值。“长远生计有保障”主要是针对被征收土地的社会保障性价值。这样一来，结合前面的“公平、合理”原则，我国对集体土地补偿的总体原则是：既

---

① 参见甘藏春：《土地正义——从传统土地法到现代土地法》，商务印书馆2021年版，第383页。

② 参见王瑞贺、魏莉华主编：《中华人民共和国土地管理法释义》，中国民主法制出版社2020年版，第117页。

要尽可能地按照市场原则对被征收土地原用途的财产性价值进行公平补偿，又要对被征收土地所承载的社会保障价值通过将被征地农民纳入相应的社会保障体系等方式进行适当补偿。因此，总体来看，在“公平”“合理”原则基础上增加“保障”原则后，理论上，我国集体土地征收的补偿标准是对除土地发展权价值，也就是土地被征收后增值收益部分以外几乎全部土地功能及其价值的补偿，从而使我国集体土地征收补偿标准在总体上稳定于公平市价标准的补偿水平。

4. 关于发展权的补偿。那么，前文中谈到的集体土地四项权益中的发展权为何没有被纳入补偿范围，或者说，我国为什么不实行“完整补偿”呢？这一点与我国的社会制度和国情密切相关。中国的改革首先从农村开始，但 1985 年以后，国家开始把改革的重点由农村转向城市，进行以市场为导向的改革，结果就是城市化和工业化进程加快，同时带来整个国民经济的持续快速增长。城市化和工业化过程中，新建工厂、道路、住房等都要在农村占用大量土地。对此，如果农村土地的增值收益全部归农村村民，那么城市化进程必然减缓，在城市优先发展时期，这是不被接受的。也正是从这个角度说，农村村民为我国的城市化和工业化作出了巨大贡献，可以说，我国的城市化和工业化的原始积累有很大部分是通过占有农村的发展权价值来实现的。但作为一个社会主义国家，我们奉行的是“发展依靠人民、发展为了人民”的以人民为中心的理念，在这个理念的指导下，城市化绝不是城市人的城市化，城市化和工业化的成果必须由包括农村村民在内的全体人民来享有。因此,从2005年开始,党的十六届五中全会通过的中共中央《关于制定国民经济和社会发展第十一个五年规划的建议》提出了建设社会主义新农村的任务。2006年,中共中央发布一号文件《关于推进社会主义新农村建设的若干意见》,将建设社会主义新农村作为"十一五"规划中最重要的内容。也正是在这一年,国务院的政府工作报告提出:"要下决心调整投资方向,把国家对基础设施建设投入的重点转向农村……"此后,国家把大量资金投向山水田林路,实现了水电路气加宽带"五通"进村。至党的十九大,更是明确要求:"实施乡村振兴战略……必须始终把解决好'三农'问题作为全党工作重中之重。"2021年,中央一号文件《关于全面推进乡村振兴加快农业农村现代化的意见》发布。同年2月25日,国务院直属机构国家乡村振兴局正式挂牌。此后,2022年和2023年的中央一号文件也均以全面推进乡村振兴为主题。这一切都表明,国家已经从政治理性而不是经济理性的高度全面加大对农村的建设投入。在这种情况下,农村发展权受限的损失固然存在,但这一损失正在通过工业反哺农业,城市反哺农村的国家战略得到弥补,这就使集体土地发展权的损失在一定程度上没有形成特别牺牲,或者说,虽然形成了特别牺牲,但已经得到相应的补偿,从而不需要在土地征收过程中再予以体现。

三、征地补偿标准与补偿安置方案

如前文所述,我国《土地管理法》确立了"公平、合理"加

“有保障”的公平补偿原则。这一原则在具体征收过程中的实现涉及征地补偿标准和补偿安置方案的关系问题。

（一）征地补偿标准

《土地管理法》第四十八条第三款规定，征收农用地的土地补偿费、安置补助费标准由省、自治区、直辖市通过制定公布区片综合地价确定。制定区片综合地价应当综合考虑土地原用途、土地资源条件、土地产值、土地区位、土地供求关系、人口以及经济社会发展水平等因素，并至少每 3 年调整或者重新公布一次。第四款规定，征收农用地以外的其他土地、地上附着物和青苗等的补偿标准，由省、自治区、直辖市制定。对其中的农村村民住宅，应当按照先补偿后搬迁、居住条件有改善的原则，尊重农村村民意愿，采取重新安排宅基地建房、提供安置房或者货币补偿等方式给予公平、合理的补偿，并对因征收造成的搬迁、临时安置等费用予以补偿，保障农村村民居住的权利和合法的住房财产权益。此外，《土地管理法实施条例》第三十二条第一款规定，省、自治区、直辖市应当制定公布区片综合地价，确定征收农用地的土地补偿费、安置补助费标准，并制定土地补偿费、安置补助费分配办法。根据上述规定，“补偿标准”包括土地补偿标准、安置补助标准以及房屋、青苗等其他地上附着物的补偿标准。为进一步明确和完善相关补偿标准，原国土资源部于 2004 年 11 月 3 日下发《关于完善征地补偿安置制度的指导意见》（国土资发〔2004〕238 号，已失效），该意见从四个方面提出指导意见，主要涉及的是征地补偿标准、被征地农民安置途径、征地工作程序和征地实施监管。在征地补偿标准中，细化了统一年产值标准的制定、统一年产值倍数的确定、征地区片综合地价的制定、土地补偿费的分配。其中，全省统一年产值标准由省级国土资源部门会同有关部门制定省域内各县（市）耕地的最低统一年产值标准，由省政府批准后公布。征地统一年产值标准是在一定区域内（以市、县行政区域为主），综合考虑被征收农用地类型、质量、等级、农民对土地的投入以及农产品价格等因素，以前3年主要农产品平均产量、价格为主要依据测算的综合收益值。征地片区综合地价是指在城镇行政区土地利用总体规划确定的建设用地范围内，依据地类、产值，土地区位、农用地等级、人均耕地数量、土地供求关系、当地经济发展水平和城镇居民最低生活保障水平等因素，划分片区并测算的征地综合补偿标准，原则上不含地上附着物和青苗补偿费。为指导各地制定征地统一年产值标准和区片综合地价，原国土资源部还下发了《征地统一年产值标准测算指导性意见（暂行）》（已失效）和《征地区片综合地价测算指导性意见（暂行）》（已失效），供各地参照执行。总体上看，征地补偿标准由省级人民政府自然资源部门制定，2至3年更新一次，由省级人民政府公布。市、县人民政府根据省级人民政府制定的征地补偿标准，制定适用于本市、县的征地补偿标准。该标准一旦确定，就对一定时间和特定范围内的不特定主体反复适用。因此，征地补偿标准就其性质而言是一种规范性文件，具有抽象行政行为的属性。

（二）补偿安置方案

《土地管理法实施条例》第二十七条规定，县级以上地方人民政府应当依据社会稳定风险评估结果，结合土地现状调查情况，组织自然资源、财政、农业农村、人力资源和社会保障等有关部门拟定征地补偿安置方案。征地补偿安置方案应当包括征收范围、土地现状、征收目的、补偿方式和标准、安置对象、安置方式、社会保障等内容。《征收土地公告办法》（已失效）第八条规定："征地补偿安置方案公告应当包括下列内容：（一）本集体经济组织被征收土地的位置、地类、面积，地上附着物和青苗的种类、数量，需要安置的农业人口的数量；（二）土地补偿费的标准、数额、支付对象和支付方式；（三）安置补助费的标准、数额、支付对象和支付方式；（四）地上附着物和青苗的补偿标准和支付方式；（五）农业人员的具体安置途径；（六）其他有关征地补偿、安置的具体措施。"从内容上看，补偿安置方案除了具体说明特定土地征收活动中土地补偿、安置补偿、地上附着物补偿的具体标准外，还增加了被征地人员的安置和社会保障等内容。此外，从程序上看，《土地管理法实施条例》第二十八条规定："征地补偿安置方案拟定后，县级以上地方人民政府应当在拟征收土地所在的乡（镇）和村、村民小组范围内公告，公告时间不少于三十日。征地补偿安置公告应当同时载明办理补偿登记的方式和期限、异议反馈渠道等内容。多数被征地的农村集体经济组织成员认为拟定的征地补偿安置方案不符合法律、法规规定的，县级以上地方人民政府应当组织听证。”该规定旨在将被征收人的主观价值导入补偿安置方案中。

从补偿原则、征地补偿标准和补偿安置方案的关系来看，征地补偿标准和补偿安置方案都是对公平补偿原则的落实。具体来说，地方人民政府通过制定区片综合地价以及以此为基础的不同类型土地和地上物的具体补偿标准，侧重于对财产性权利依据“公平”原则加以细化。补偿安置方案的形成过程，一方面是将前述具有抽象行政行为性质的征地补偿标准进一步转换为特定区片或项目中具有可操作性的征收补偿标准；另一方面是其通过公告、异议反馈、听证等形式，在客观抽象的补偿标准中融入主观的补偿价值，使补偿安置方案成为主客观相结合，宏观与具体相结合，能够体现“合理”原则的具体的补偿标准。此外，补偿安置方案还要求结合当地经济发展水平等因素，对被征地人员的安置方式和社会保障等内容进行安排，从而进一步落实公平补偿原则中“保障被征地农民原有生活水平不降低、长远生计有保障”的“有保障”原则的规定。

根据2019年修正之前的《土地管理法》的规定，省级以上人民政府对征收土地方案的批复，经公告，对外产生征收土地的效力。但就其中所涉及的补偿安置内容来说，还只是一个内部批准行为，对被征收人产生法律效力的是市、县级人民政府的土地管理部门根据征收土地方案制订，对外公布并征求意见，最终经市、县级人民政府批准的征地补偿安置方案，以及该方案中确定的补偿标准。修法之后，制订补偿安置方案并据此签订补偿安置协议的工作放在了征地批复作出之前，省级以上人民政府对于补偿安置方案的审查，根据《土地管理法实施条例》第三十条第二款“有批准权的人民政府应当对征收土地的必要性、合理性、是否符合《土地管理法》第四十五条规定的为了公共利益确需征收土地的情形以及是否符合法定程序进行审查”的规定，不包括对补偿安置方案的审查。也就是说，征地补偿安置方案的制订被完全下放给地方人民政府。结合修法后包括耕地在内的征地补偿标准也一并交由地方人民政府制定的规定，由此可以看出，为了使各地的补偿安置尽可能符合当地经济发展水平，国家将补偿标准和补偿安置方案的制定权作为地方事权，完全交由各地方人民政府决定，国家层面只对征地补偿原则及其落实的方式进行了规定。地方人民政府在具体征地项目中，根据征地补偿标准制定的征地补偿安置方案，就是对外直接发生法律效力的行政决定，具有具体行政行为的属性。

四、对征地补偿标准与补偿安置方案的司法监督

（一）对征地补偿标准的司法监督

如前文所述，征地补偿标准属于在一定区域范围内对不特定对象能够反复适用的规范性文件。对于规范性文件的合法性，《行政诉讼法》第五十三条第一款规定：“公民、法人或者其他组织认为行政行为所依据的国务院部门和地方人民政府及其部门制定的规范性文件不合法，在对行政行为提起诉讼时，可以一并请求对该规范性文件进行审查。”第六十四条

规定:“人民法院在审理行政案件中,经审查认为本法第五十三条规定的规范性文件不合法的,不作为认定行政行为合法的依据,并向制定机关提出处理建议。”据此,对于以规范性文件形式存在的征地补偿标准,人民法院虽然不可以将其作为诉讼标的进行审理并判决,但可以根据原告的申请,在对相关行政行为进行审理的同时,以附带审查的方式对其进行监督。

需要指出的是,征地补偿标准的审查和制定一样,需要有比较专业的知识,而司法机关碰到非法律专业案件,由于缺乏相关知识和专业训练,往往会倾向于尊重原处分机关作出的事实认定,降低案件的审查强度,从而比较容易认为原处分机关作出的决定正确。可以说,司法机关对非法律专业案件的审查较法律专业案件的审查更为宽松。在土地征收补偿案件中,被征收人最常见的诉讼理由莫过于“征收补偿标准过低”。对此,司法裁判的回应往往是“原告虽认为补偿标准较低,但没有证据证明”等,而不愿意将问题引入实质性审查。即便是进入实体审查,司法机关的基本态度一般也是“只看程序,不问实质”,即只要征地补偿标准的制定符合法定程序,由法定机构制作并发布,就倾向于认为其并无违法之处,而不会对制定补偿标准的考量因素、技术路线、最终结果及其与当事人提出的民间估价机构之估价报告孰是孰非等问题进行审查。究其根本,这是一种能力不足型回避。应当承认,对于涉及高度专业性的事项,司法机关确实需要对行政机关的判断给予必要的尊重,但高度专业性并不意味着行政机关具

有完全的判断余地,更不意味着对司法审查的排除:

首先,从裁量权的角度来看,《土地管理法》第四十八条第三款规定:“……制定区片综合地价应当综合考虑土地原用途、土地资源条件、土地产值、土地区位、土地供求关系、人口以及经济社会发展水平等因素,并至少每三年调整或者重新公布一次。”其中,土地原用途、土地资源条件、土地产值可以通过产值还原法以及农用地价格调整法来实现,土地区位、土地供求关系可以通过征地案例比较法来实现,人口以及经济社会发展水平可以通过社会经济指标更新法来实现。对于通过不同方法计算出的土地价值,《征收农用地区片综合地价测算规程》(征求意见稿)还规定了分析验证和综合平衡的标准。具体来说,对于不同方法测算得到的结果,要从以下方面分析验证:与现行征地水平比较,区片综合地价应不低于内涵可比的现行征地补偿标准;与被征地农民现有的生活水平比较,以区域内农民年人均收入水平及其增长率等指标为参照,结合样点调查资料,分析区片综合地价与被征地农民生活水平的比照关系是否合理;与同区域国有建设用地基准地价水平比较,在城镇国有建设用地基准地价覆盖地区,可与基准地价剥离后的客观土地取得费用相比较,即以经过期日修正的城镇建设用地基准地价为基础,扣除集体农用地转为国有建设用地过程中的土地开发费用、相关税费、利息利润以及国家获取的土地增值等,分析余值部分与区片综合地价之间的比照关系是否合理。此外,在分析验证的基础上,还可以通过以下标准进行综合平衡:各区片的区片综合地价水平应保持合理价差，在征地补偿政策、补偿安置途径与方式基本相同的情况下，县域范围内相邻区片的区片综合地价差异不宜超过30%；社会经济发展水平相当的县、市级行政单元之内，区片综合地价的最高值之间的差异幅度和最低值之间的差异幅度均不宜超过30%。由此可以看出，不但《土地管理法》第四十八条第三款明确规定了行政机关在制定区片地价时应当考虑的因素，而且在相关的规范性文件中还明确了具体的计算方法和验证平衡标准，在这些已有规定的问题上，应当认为行政机关并无裁量权，对此，人民法院完全可以进行合法性审查。

其次，从证明责任的角度来看，《行政诉讼法》第三十四条规定："被告对作出的行政行为负有举证责任，应当提供作出该行政行为的证据和所依据的规范性文件。被告不提供或者无正当理由逾期提供证据，视为没有相应证据……"根据上述规定，规范性文件作为一种行政行为，其合法性要由作出它的行政机关承担证明责任。在有关行政机关尚未充分履行证明责任的情况下，法院直接作出"原告虽认为补偿标准较低，但没有证据证明"的认定，显然是推定作为补偿标准的规范性文件合法，而要求原告承担证明责任，这明显违反了《行政诉讼法》关于证明责任分配的规定。此外，最高人民法院《关于适用〈中华人民共和国行政诉讼法〉的解释》第一百四十七条规定："人民法院在对规范性文件审查过程中，发现规范性文件可能不合法的，应当听取规范性文件制定机关的意见。制定机关申请出庭陈述意见的，人民法院应当准许。行政机关未陈述意见或者未提供相关证明材料的，不能阻止人民法院对规范性文件进行审查。”该条赋予了在规范性文件审查过程中，人民法院通过调查证据、委托鉴定以及聘请专家证人等方式“依职权调查”的权力，从而更加否定了直接由原告承担证明责任的做法。

总之，根据相关规定，人民法院在对区片地价等补偿安置标准进行审查的过程中，应当持比较积极的态度，对其有无遵守法定程序、有无基于错误的事实、有无遵守规范的计算方式、有无依照要求进行验证平衡以及有无夹杂无关之考量因素等进行全面合法性审查，摒弃因能力恐慌而产生的“徒法足以自行”的潜意识作用下进行的消极审查，才更符合诉讼法的规定。

（二）对补偿安置方案的司法监督

传统上认为，具体行政行为是对特定相对人直接发生法律效力的行政行为，而抽象行政行为是对不特定相对人发生法律效力的行为。二者的区别在于对象是否“特定”和作用方式是否“直接”。前面讨论的补偿安置标准，由于在公布时尚未确定具体的作用对象，也没有直接改变任何人的权利义务，所以属于抽象的行政行为，不能直接成为行政诉讼的审理和裁判对象。但以补偿安置标准为基础制订的补偿安置方案，由于是针对具体的土地征收项目制定，作用的对象具体确定，而且一经公布，就会对被征收范围内的土地所有权人和使用权人产生确定的影响，因而，从当事人与行政行为之间利害关系的角度考察，补偿安置方案的可诉性是没有问题的，除非该方案没有对被征收人具体的补偿内容作出规定。但是，影响可诉性的因素除了当事人本身与行政行为是否具有利害关系，还要考察这种利害关系是否值得保护，也就是诉的利益问题。

在2019年《土地管理法》修正之前，集体土地征收的总体思路与国有土地上房屋征收不同：国有土地上房屋在征收过程中虽然也有补偿安置方案，但从整个征收活动的过程来看，补偿安置基本处于一种“后置”状态，即在具体的补偿安置过程中，通过协商、评估等方式确定安置补偿数额，并最终以安置补偿协议或是征收补偿决定的方式固化被征收人的安置利益，而不是在征收工作启动甚至是未启动时就对此加以安排。在集体土地征收过程中，补偿安置总体上呈现出一种“前置”的状态，即在征收工作开始之前，就将具体的补偿安置方案连同征地方案一起逐级提交各级人民政府审批确定下来。之后的补偿安置过程实际上就是对已经确定的补偿安置方案加以落实的过程。最终，如果双方不能以补偿安置方案确定的标准为依据达成协议，根据当时的法律规定并不存在补偿安置决定这一法定处理形式。这样一来，对被征收人补偿安置利益产生影响的实质上就是经批准的补偿安置方案。在这种情况下，将经过裁决或复议前置处理的补偿安置方案纳入诉讼的受案范围，对于相对人诉讼利益的保护是可行且具有实际意义的，而且与当时的《土地管理法》及其实施条例以及最高人民法院《关于审理涉及农村集体土地行政案件若干问题的规定》第十条规定的精神相吻合。

但是，随着2019年《土地管理法》的修正施行，集体土地的补偿安置方式与国有土地上房屋的补偿安置方式变得高度类似，二者都是通过签订补偿安置协议，以及在无法达成协议的情况下，由相关部门作出补偿安置决定的方式最终确定补偿安置结果。也就是说，二者都实现了补偿安置结果的“后置”。在这种情况下，补偿安置方案虽然也对外发生法律效力，但它在补偿安置工作中具有了一些过程性行政行为的特征，最终要通过补偿安置决定的方式对被征收人产生影响。因此，如果被征收人对补偿安置方案不服，也可以通过对落实补偿安置方案的补偿安置决定提起诉讼的方式来救济，并通过人民法院在诉讼过程中对作为依据的补偿安置方案一并审查，“一揽子”地解决补偿安置问题，避免先诉补偿安置方案，再诉补偿安置决定的诉累。当然，这种处理方式的前提是补偿安置决定已经作出，如果当事人在补偿安置决定作出前就对补偿安置方案提起诉讼，人民法院是否应当受理呢？对这个问题的回答需要明确以下几个问题：

一是补偿安置方案何时成熟。根据《土地管理法实施条例》第三十条第二款“有批准权的人民政府应当对征收土地的必要性、合理性、是否符合《土地管理法》第四十五条规定的为了公共利益确需征收土地的情形以及是否符合法定程序进行审查”的规定，补偿安置的具体标准虽然不再属于有批准权的人民政府的审查范围，但是补偿安置方案的制订过程、公告程序、听证情况等都属于《土地管理法实施条例》第三十条第二款规定的“法定程序”的范围，还是要接受审查的。如果上述程序存在违法情况，省级以上人民政府可以通过不予批准征地申请的方式要求补偿安置方案的制订机关补充完善相关程序和材料。此外，在征地申请提交有批准权的人民政府审批之前，设区的市的人民政府及相关部门仍然有可能对补偿安置方案的实质合法性和合理性进行审核并加以调整。因此，在征地批复作出之前，补偿安置方案处于一种不确定的状态，还是一个不成熟的行政行为，不具有可诉性。在征地批复作出并发布之后，补偿安置方案得以最终确定，成为一个成熟的行政行为。此时，考虑到其直接对被征收人的权益产生影响，其自身的可诉性已经不成问题。

二是补偿安置方案是否存在单独诉讼的必要性。这里面又涉及两个问题：首先，补偿安置方案是否可以和征地批复一同设置救济。从《土地管理法实施条例》第三十一条的规定来看，《土地管理法实施条例》并没有要求在征地批后公告中公布补偿安置方案。事实上，由于征地补偿安置方案在征地报批前已经进行公告，并且成为签订补偿安置协议的依据，所以，批后公告中一般不会再详细公布补偿安置方案的内容。此外，如前文所述，征地审批机关在审查征地申请时不会对征地补偿安置方案的实质合法性进行一并审查，而征地批复本身是否可诉在实践层面是一个悬而未决的问题。因此，与国有土地上房屋的征收程序不同，集体土地征收过程中补偿安置方案的救济很难依附于征收决定。

其次，补偿安置方案是否可以和补偿安置决定一同救济。如前文所述，如果补偿安置决定已经作出，那么无论是从权利救济还是从诉讼经济的角度讲，将二者合并救济都是最优的选择。那么，在补偿安置决定作出之前，补偿安置方案是否应当被允许单独提起诉讼，还是必须等待补偿安置决定作出后方能一并救济，就取决于补偿安置决定的作出是否具有确定性。《土地管理法实施条例》第三十一条规定："征收土地申请经依法批准后，县级以上地方人民政府应当自收到批准文件之日起十五个工作日内在拟征收土地所在的乡（镇）和村、村民小组范围内发布征收土地公告，公布征收范围、征收时间等具体工作安排，对个别未达成征地补偿安置协议的应当作出征地补偿安置决定，并依法组织实施。"就该条规定来看，如果其中的"十五个工作日"仅仅是对发布征收土地公告的时间要求，而没有对作出征地补偿安置决定限定时间，那么，在补偿安置方案已经具备可诉性的前提下，让当事人必须等待补偿安置决定作出方能救济自身权益且时间尚不确定，无异于将补偿安置决定设定为当事人救济自身权利的前置程序，这不但没有法律依据，从合理性上看也是不适当的。相反，如果此时允许就补偿安置方案提起诉讼，能够通过确认补偿安置方案的合法性或是改变其中不合法的部分，"一揽子"减少因不服据此作出的单个补偿安置决定而提起的诉讼，或者简化补偿安置决定案件中对补偿安置方案的审查工作，可以达到实质化解争议，减少不必要的纠纷，提高行政和司法机关工作效率的作用，因此，应当允许当事人就补偿安置方案单独提起诉讼。

但是，如果将该条规定中的"十五个工作日"理解为既是对发布征收土地公告时间的要求，也是对作出补偿安置决定时间的规定，那么，由于自征地批复发布至补偿安置决定作出的时间间隔很短，在可以一并救济的前提下，允许当事人单独就补偿安置方案提起诉讼就显得没有实际意义。不过，从各地颁布的实施办法来看似乎并没有采纳这种理解，例如，《湖南省实施〈中华人民共和国土地管理法〉办法》第二十九条第一款规定："设区的市（自治州）、县（市、区）人民政府应当自收到征地批准文件之日起十五个工作日内，在拟征收土地所在的乡（镇）政务公开栏和村务公开栏以及村民小组显著位置发布征收土地公告……"第二款规定："设区的市（自治州）、县（市、区）人民政府应当自发布征收土地公告后三个月内，对已经签订征地补偿安置协议的，将征地补偿费用足额支付到位；对未签订征地补偿安置协议的，应当作出征地补偿安置决定并依法送达后，将所涉及的征地补偿费用存入指定银行账户。"该规定明显将《土地管理法实施条例》第三十一条规定的"十五个工作日"理解为对发布征收土地公告的时间要求，而另行对作出补偿安置决定的时间规定为"三个月"。类似的情况还有《江西省征收土地管理办法》，该办法第十九条第一款规定："征收土地申请经依法批准后，设区的市、县（市、区）人民政府应当自收到征收土地批准文件之日起十五个工作日内在拟征收土地所在的乡（镇）、街道和村、村民小组范围内，以在公共场所张贴等有利于社会公众知晓的方式发布征收土地公告，并在当地人民政府门户网站公布。公告时间不少于十个工作日。"第二十条第一款规定："对个别未达成征地补偿安置协议的,设区的市、县(市、区)人民政府应当在征收土地公告发布之日起四十五日内,依据土地现状调查公示结果、征地补偿安置方案、补偿登记结果等,作出征收土地补偿安置决定并送达征收土地所有权人、使用权人,依法组织实施。"也是将发布征收土地公告的时间理解为15个工作日,而对补偿安置决定的时间另行规定为45日。因此,《土地管理法实施条例》第三十一条规定中的"十五个工作日"目前只能理解为是对发布征收土地公告时间的要求,至于补偿安置决定的作出,其只规定了"征收土地申请经依法批准后"以及"发布征收土地公告"后这样一个时间节点,而没有作出其他要求。

对于上述两种解释应当采取哪种,涉及对行政法规的理解,最终应当以有权机关的解释为准。单就本章所要讨论的补偿安置方案之诉的受理问题,我们只需要明确,征地批后公告发布时,补偿安置标准已经确定,需要作出补偿安置决定的人员也已确定(签约期限内达不成补偿协议的主体),此时尽快作出补偿安置决定,不仅时机已经成熟,而且能够减少拖延补偿导致的衍生纠纷,有利于推动征收工作依法开展。在此情况下,如果根据有关规定,补偿安置决定的作出有确定期限并且事实上也比较及时,那么,将补偿安置方案的审查植入对补偿安置决定的审查程序是比较理想的选择,应当引导当事人"一揽子"解决纠纷。但是,如果补偿安置决定的作出没有明确的时间规定,就会导致利害关系人难以就补偿安置决定的作出通过给付之诉进行救济,此时也就没有理由要求利害关系人必须等待补偿安置决定的作出方能就补偿安置方案申请救济。否则就相当于在法律没有明确规定的前提下,为利害关系人就补偿安置方案提出救济设定了前置程序。

此外,这里还有两个问题值得注意:一是如果法院对补偿安置方案以判决方式进行了实质性的改变,那么对于根据原有的补偿安置方案已经签订补偿安置协议的主体来说,无疑属于“合同成立以后客观情况发生了当事人在订立合同时无法预见的、非不可抗力造成的不属于商业风险的重大变化”,被征收人以“情势变更”为由主张变更协议约定的有关条款,人民法院应当予以支持。二是对补偿安置方案救济程序的变化。1998 年 12 月 27 日颁布的《土地管理法实施条例》第二十五条第三款规定:“……对补偿标准有争议的,由县级以上地方人民政府协调;协调不成的,由批准征收土地的人民政府裁决。征地补偿、安置争议不影响征收土地方案的实施。”自此,征地补偿安置争议裁决机制作为一种重要的征地纠纷解决机制建立起来。2001 年 10 月,原国土资源部发布的《征收土地公告办法》(已失效)第十五条规定:“因未按照依法批准的征收土地方案和征地补偿、安置方案进行补偿、安置引发争议的,由市、县人民政府协调;协调不成的,由上一级地方人民政府裁决。征地补偿、安置争议不影响征收土地方案的实施。”2004 年 10 月 21 日,国务院《关于深化改革严格土地管理的决定》(国发〔2004〕28 号)再次明确规定:“要加快建立和完善征地补偿安置争议的协调和裁决机制,维护被征地农民和用地者的合法权益。”2006 年,原国土资源部印发《关于加快推进征地补偿安置争议协调裁决制度的通知》(国土资发〔2006〕133号,已失效)指出:“协调裁决的范围主要有:对市、县人民政府批准的征地补偿安置方案有异议的;对适用征地补偿安置方案涉及的对被征土地地类、人均耕地面积、被征土地前三年平均年产值的认定有异议的;实行区片综合地价计算征地补偿费的地区,对区片综合地价的适用标准和计算有异议的。”此后,原国务院法制办公室《关于依法做好征地补偿安置争议行政复议工作的通知》(国法〔2011〕35号)规定:“……被征地集体经济组织和农民对有关市、县人民政府批准的征地补偿、安置方案不服要求裁决的,应当依照行政复议法律、法规的规定向上一级地方人民政府提出申请。”这些规范性文件,将裁决制度实质上改造为复议制度,从而形成了补偿安置争议复议前置的救济路径。2021年修订的《土地管理法实施条例》取消了原《土地管理法实施条例》第二十五条有关协调和裁决的规定,而《征收土地公告办法》第十五条的规定也随着该办法的失效而失效。加之目前《行政复议法》及其实施条例没有将土地补偿安置争议规定为复议前置的法定情形,因此,现行《土地管理法》实施后,实际上取消了复议前置的做法。

第四章

集体土地物权体系与补偿安置分配

2014年年底，习近平总书记先后主持召开中央全面深化改革领导小组第七次会议和中央政治局常委会会议，审议通过《关于农村土地征收、集体经营性建设用地入市、宅基地制度改革试点工作的意见》，在全国部署农村土地制度改革试点工作。2015年1月，中共中央办公厅、国务院办公厅印发了该意见，并开始在全国33个地区试点。2019年，第十三届全国人大常委会第十二次会议通过《关于修改〈中华人民共和国土地管理法〉、〈中华人民共和国城市房地产管理法〉的决定》。可以说，2019年《土地管理法》的修正，其目的和宗旨就是要把上述文件中关于农村“三块地”改革的成功经验以及在此之前进行的农村承包地改革的成果，用法律的形式加以固定。这些改革措施以及相应的立法修改，对农村土地产权分配和流传方式进行了重大重构，必然会对以产权为基础的集体土地征收制度产生深远影响。认真分析相关改革的制度用意，对于分析新的条件下农村集体土地征收补偿安置相关问题及其合法性具有十分重要的意义。

一、农村土地改革与集体土地物权体系的变化

2019年修正后的《土地管理法》明确规定了地上附着物和青苗等的补偿费用归其所有权人所有，对于土地补偿费、安置补助费、社会保障费则只是笼统地规定了通过与“所有权人、使用权人”签订补偿安置协议的方式解决。在此情况下，

被征收集体土地及其附着物的所有权和使用权的物权情况直接决定了征收过程中的安置补偿情况。为此,厘清农村土地改革后集体土地上的相关物权关系,对于判定补偿安置的合法性、合理性显得十分必要。

(一)农村承包地改革与“三权分置”

根据相关法律规定,目前,我国农村承包地施行所有权、承包权、经营权分立的“三权分置”模式。要明确这“三权”的制度意蕴及其对集体土地征收过程中安置补偿工作的影响,就不得不从农村集体经济组织土地权属制度的变革说起。中华人民共和国成立后,1950 年颁布的《土地改革法》(已失效)规定我国实行农民土地所有制。但是,随着国家的发展,以中小农户为主的农业生产经营方式无法适应国家工业化建设对农业的要求。为此,国家开始探索社会主义农村土地利用模式,通过农业合作化的社会主义改造,建立了以高级合作社为基本模式的农村集体运作机制,意图在生产资料产权合并、作业过程互助合作的基础上实现农业增产,支撑社会经济发展。1958 年,我国农村全面进入了人民公社时期,土地所有权从中华人民共和国成立初期的农民个人所有转变为集体经济组织所有。但是,与土地资源联合同时形成的农村社会融合,使农村居民包括一日三餐在内的基本生活需求均以“吃大锅饭”的方式满足,“干多干少一个样,干与不干一个样”的平均主义降低了劳动者的积极性。由此,土地集体化后如何激发农民生产积极性的问题被提上日程。

1980年,中共中央印发《关于进一步加强和完善农业生产责任制的几个问题》,初步打破了平均主义的弊病,为包产到户、包干到户在政策上开了口子。1982年,中共中央发布了第一个中央一号文件,正式确立了土地等基本生产资料公有制长期不变,农户和集体形成承包关系的二元产权制度。二元产权制度的出现,契合了改革开放初期解放农村生产力的时代需要,破除了公社化的极端平均主义,短短几年,农村经济水平持续上升,主要农产品供应紧缺的状况有了很大改善,农民收入增加了数倍,新的产权结构十分有力地推动了农业生产和农村经济的发展。①

但是,随着改革开放的深入,"两权分立"的体制开始面临新的挑战。改革开放使沿海地区与内陆地区间的发展差距越发明显,工业、服务业的劳动收入逐步提高,而务农的收入相对走低。随之,农村的青壮年和技能型人才向发达地区、非农产业领域大量逸出,其以"离土不离乡""离土又离乡"等多种形式在农业与非农业产业间寻找自身发展的平衡点,甚至出现兼业型务农向非农产业规模化转移的情况,造成农业弱质化、农村空心化等严重的社会问题。经济的发展、人口的转移带走了农村最具有劳动能力的人,而不允许集体土地在农村集体经济组织外流转的"两权分立"体制制约了新生劳动力的产生。此外,社会的不断进步使科学发展、绿色发展、集约化发展的新理念映射于农业领域,对从事农业生产力的人

① 参见高飞:《农村土地"三权分置"的法理阐释与制度意蕴》,载《法学研究》2016年第3期。

口及农业生产力的质量因素提出了更高的要求。在新的历史条件下更新农业从业人群，进一步激发农业生产力，也就成为“两权”向“三权”体制转变的重要历史动力。

《民法典》第三百三十九条规定：“土地承包经营权人可以自主决定依法采取出租、入股或者其他方式向他人流转土地经营权。”第三百四十条规定：“土地经营权人有权在合同约定的期限内占有农村土地，自主开展农业生产经营并取得收益。”《农村土地承包法》第三十七条规定：“土地经营权人有权在合同约定的期限内占有农村土地，自主开展农业生产经营并取得收益。”上述规定明确了土地经营权及其流转方式，肯定了土地承包经营权人可以通过出租、入股或者其他方式向他人流转土地经营权，从法律上赋予土地经营权人对土地占有、使用、收益的权利。在删除“两权分离”模式下流转土地承包经营权“需经发包人同意”的前置条件外，亦打破了土地承包经营权的流转限于同一集体经济组织内部成员的限制性规定，允许各类社会主体参与到土地经营权的经营流转过程中，由此激发了土地经营权吸纳社会生产力的活力。可以说，“三权分置”实施的直接目的就是置换土地实际使用人群，在优质农业人才向非农产业流失后，通过土地利益的扩展，从非农产业领域吸收新的生产要素，而不再单纯依赖吸引农民回乡的方式振兴农业和农村。相比“两权”模式下集体依成员资格而无偿赋予农户的承包经营权，分离出经营权后的独立的承包权虽然仍是基于集体经济组织成员的身份而获得，但仅保留了原有的“使用＋收益”用益物权结构中的收益权能，此时的收益来自向经营权人收取，而非亲自利用土地。

经营权的确立使附着于其上的现代化生产要素注入农业领域，但农村土地流转身份的突破又产生了脱离土地上农业生产的农民如何安置的社会问题。目前，我国除了"离土又离乡"的农民，"离土不离乡""不离土也不离乡"的农民仍然占有极大比重。加上我国尚未建立城乡一体的养老、失业保障机制，在此情况下，这部分人的权益得不到合理保障，改革无疑会面临极大阻碍。对此，在"三权分置"体制中，承包权的保留制度为其提供了较为完美的解决方案。首先，《农村土地承包法》第九条规定："承包方承包土地后，享有土地承包经营权，可以自己经营，也可以保留土地承包权，流转其承包地的土地经营权，由他人经营。"第十条规定："国家保护承包方依法、自愿、有偿流转土地经营权，保护土地经营权人的合法权益，任何组织和个人不得侵犯。"第二十七条第一款至第三款规定："承包期内，发包方不得收回承包地。国家保护进城农户的土地承包经营权。不得以退出土地承包经营权作为农户进城落户的条件。承包期内，承包农户进城落户的，引导支持其按照自愿有偿原则依法在本集体经济组织内转让土地承包经营权或者将承包地交回发包方，也可以鼓励其流转土地经营权。"第四十四条规定："承包方流转土地经营权的，其与发包方的承包关系不变。"从上述规定可以看出，经营权来自承包权，所以承包权的存在使农户可以在退出土地、引入经营权人、亲自耕作间进行抉择，而不是强制剥离。其次，

《农村土地承包法》第三十六条规定:“承包方可以自主决定依法采取出租(转包)、入股或者其他方式向他人流转土地经营权,并向发包方备案。”第三十九条规定:“土地经营权流转的价款,应当由当事人双方协商确定。流转的收益归承包方所有,任何组织和个人不得擅自截留、扣缴。”这些规定使享有承包权的农民在不实际使用土地的情况下也能够凭借由承包权分立而来的经营权获得相对稳定的土地收益。由此可见,在经营权负担了农地原有的经济功能的同时,承包权则分担了农地原有的社会保障功能。它使农户在不离土或无法融入城镇社保体系的情形下仍然保有基本的民生,其功能本质上属于农村社会保障的替代性权利。可以说,承包权是“农村版的养老、失业保险”。①

总之,在农村承包地“三权分置”制度中,所有权对外明确了农地的产权界限,与农用地转用审批制度相结合,发挥了防止农村土地非农业用途的制度防火墙作用;对内则发挥了防止土地私有化,以及协调沟通土地承包权人与土地经营权人关系的制度功能。承包权分担了农地原有的社会保障功能,为失去土地实际经营权的农民提供了较为可靠的经济保障。经营权则吸收和稳定了先进生产要素的投入及预期,为市场配置生产要素作用的发挥提供了空间,提高了农地在新的历史条件下的经济效率。

① 参见张毅、张红、毕宝德:《农地的“三权分置”及改革问题:政策轨迹、文本分析与产权重构》,载《中国软科学》2016 年第 3 期。

（二）农村宅基地改革与“三权分置”

农村宅基地是指农村家庭经依法批准，用于建造住宅（包括住宅、附属用房和庭院等）的集体所有的土地。同承包地一样，宅基地在中华人民共和国成立后，也经历了从农民私有到集体所有，从一元权利模式到所有权与使用权分立的二元权利模式的演变，即宅基地土地所有权属于集体，集体经济组织成员在符合条件的情况下，可以无偿申请取得宅基地使用权。显然，二元模式下的宅基地使用权同承包经营权类似，同时承载着用益物权的经济功能与保障集体经济组织成员居住权的社会保障功能。前者同样是受到限制的用益物权。1982 年国务院《村镇建房用地管理条例》（已失效），2004 年原国土资源部《关于加强农村宅基地管理的意见》（已失效），1986 年、1988 年、1998 年、2004 年等历次版本和 2019 年修正的《土地管理法》均明确规定，农民将房屋转让后，不能再申请和获得宅基地。这一规定在一定范围和条件下肯定了农村宅基地可以随房转让，但是，由于城镇居民不能购买农村房屋和宅基地，而农村居民购买房屋后，又涉及一户多宅的问题，所以宅基地的流转实际上受到了极大的限制。随着城镇快速发展和城乡一体化的进程，实践证明，封闭性的宅基地权利构造体系既无法有效保证农民一户一宅，又造成了土地闲置等粗放低效利用现象，导致了因房屋闲置而出现的大量“空心村”与符合条件的农村村民无宅基地可供分配同时存在的局面。宅基地闲置和低效利用的状况表明，引导宅基地有偿退出和有序流转势在必行。

2015 年,中共中央办公厅和国务院办公厅发布《关于农村土地征收、集体经营性建设用地入市、宅基地制度改革试点工作的意见》,从四个方面对宅基地制度改革作出了明确的规定:一是完善宅基地权益保障和取得方式;二是探索宅基地有偿使用制度;三是探索宅基地自愿有偿退出机制;四是完善宅基地管理制度。2016 年,中共中央、国务院《关于深入推进农业供给侧结构性改革　加快培育农业农村发展新动能的若干意见》结合宅基地制度改革试点实践,明确要求“落实宅基地集体所有权,维护农户依法取得的宅基地占有和使用权,探索农村集体组织以出租、合作等方式盘活利用空闲农房及宅基地,增加农民财产性收入”。2018 年的中央一号文件明确提出要“完善农民闲置宅基地和闲置农房政策,探索宅基地所有权、资格权、使用权‘三权分置’,落实宅基地集体所有权,保障宅基地农户资格权和农民房屋财产权”,从而明确提出了宅基地“三权分置”的概念。梳理改革初衷和政策精神可以发现,宅基地“三权分置”制度的核心在于:所有权旨在坚持宅基地所有权归集体所有,防止外部资本侵占控制农村集体土地;资格权旨在确保集体经济组织成员基于成员资格而享有的住房权益,保证宅基地社会保障功能的发挥;使用权赋予宅基地用益物权应有的权能,强化宅基地的财产属性,激活宅基地的使用效率,为承接资本、人力、技术等要素返乡下乡创造条件,同时为进城就业的农民在城市买房、租房安居等提供收入保障，从而加速新型城镇化进程。①

自2018年的中央一号文件作出探索宅基地所有权、资格权、使用权"三权分置"的改革部署后，山东禹城、浙江义乌和德清、四川泸县等试点地区结合实际，探索了一些宅基地"三权分置"模式。通过解决历史遗留问题，保障了农民土地权益，形成了多样的农民住房保障形式，有效满足了农民的多元化居住需求。农房抵押、有偿退出、流转等制度设计，增加了农民财产性收入。但是，由于试点范围比较窄，试点时间比较短，尚未形成可复制、可推广的制度经验，且各有关方面对宅基地所有权、资格权、使用权的权利性质和边界认识还不一致，有待深入研究。因此，在2019年《土地管理法》的修正过程中，国务院建议在实践中进一步探索宅基地"三权分置"问题，待形成比较成熟的制度经验后再进行立法规范，②而仅在2019年修正的《土地管理法》第六十二条第六款规定："国家允许进城落户的农村村民依法自愿有偿退出宅基地，鼓励农村集体经济组织及其成员盘活利用闲置宅基地和闲置住宅。"同时，在2021年修订的《土地管理法实施条例》第三十五条规定："……乡（镇）人民政府和农村集体经济组织、村民委员会等应当将退出的宅基地优先用于保障该农村集体经济组织成员的宅基地需求。"

① 参见周其仁：《城乡中国》（修订版），中信出版集团股份有限公司2017年版，第475－480页。

② 参见国务院《关于农村土地征收、集体经营性建设用地入市、宅基地制度改革试点情况的总结报告》。

(三)集体经营性建设用地改革

《土地管理法》第五十九条将乡、村建设用地的范围限定于乡镇企业、乡(镇)村公共设施、公益事业、农村村民住宅等乡(镇)村建设用地。其中,经营性的建设用地仅有乡镇企业,也就是农村集体经济组织使用乡(镇)土地利用总体规划确定的建设用地兴办企业或者与其他单位、个人以土地使用权入股、联营等形式共同举办企业一种情形。对于除此之外的建设用地,2004 年《土地管理法》第四十三条规定:"任何单位和个人进行建设,需要使用土地的,必须依法申请使用国有土地……前款所称依法申请使用的国有土地包括国家所有的土地和国家征收的原属于农民集体所有的土地。"可以看出,集体经营性建设用地的权利配置在修法前基本处于"一元模式",即由集体经济组织享有。为充分发挥集体经营性建设用地的物权权能,2019 年修正的《土地管理法》第六十三条第一款规定:"土地利用总体规划、城乡规划确定为工业、商业等经营性用途,并经依法登记的集体经营性建设用地,土地所有权人可以通过出让、出租等方式交由单位或者个人使用,并应当签订书面合同,载明土地界址、面积、动工期限、使用期限、土地用途、规划条件和双方其他权利义务。"上述规定放开了建设用地必须使用"国有土地"的限制,使集体经营性建设用地可以不经征收,直接进入土地一级市场。同时,该法规定"集体经营性建设用地的出租,集体建设用地使用权的出让及其最高年限、转让、互换、出资、赠与、抵押等,参照同类用途的国有建设用地执行”。从而使集体经营性建设用地与国有建设用地同地同权。上述规定使符合法定条件的集体经营性建设用地的权利模式从“一元”转为“二元”，即土地所有权归集体经济组织，而使用权可以完全由受让的权利主体享有。由于不存在集体经济组织成员个体分享使用权的问题，集体经营性建设用地二元模式下的使用权不直接承载旨在保护集体经济组织成员权利的社会保障功能，而与承包地“三权分置”模式下的“经营权”和宅基地“三权分置”模式下的“使用权”类似，主要发挥土地基于用益物权而产生的经济功能。

集体经营性建设用地入市的改革解放了集体建设用地的用益物权权能，充分发挥了市场在土地资源配置中的决定性作用，为促进乡村产业集聚、转型发展提供了有效平台，实现了城乡土地平等入市、公平竞争，从而培植了市场信心，激发了农村土地资源活力。①

二、物权体系的变化对补偿安置方式的影响

《土地管理法》第四十八条第二款规定了征收土地应当依法及时足额支付土地补偿费、安置补助费以及农村村民住宅、其他地上附着物和青苗等的补偿费用，并安排被征地农民的社会保障费用，但是没有明确各种费用的给付方式和对象。《土地管理法实施条例》第三十二条第二款明确了地上附着物和青苗等的补偿费用归其所有权人所有，但仍然没有明确

① 参见国务院《关于农村土地征收、集体经营性建设用地入市、宅基地制度改革试点情况的总结报告》。

土地补偿费、安置补助费和社会保障费的具体支付对象，只是在第二十九条第一款规定："县级以上地方人民政府根据法律、法规规定和听证会等情况确定征地补偿安置方案后，应当组织有关部门与拟征收土地的所有权人、使用权人签订征地补偿安置协议……"对比2014年修订的《土地管理法实施条例》第二十六条第一款、第二款"土地补偿费归农村集体经济组织所有；地上附着物及青苗补偿费归地上附着物及青苗的所有者所有。征收土地的安置补助费必须专款专用，不得挪作他用。需要安置的人员由农村集体经济组织安置的，安置补助费支付给农村集体经济组织，由农村集体经济组织管理和使用；由其他单位安置的，安置补助费支付给安置单位；不需要统一安置的，安置补助费发放给被安置人员个人或者征得被安置人员同意后用于支付被安置人员的保险费用"的规定，由此可以看出，除社会保障费这一新的补偿费用外，二者关于地上附着物及青苗补偿费归所有权人的规定没有区别，而对于土地补偿费、安置补助费的分配，2021年修订的《土地管理法实施条例》只规定采取与土地所有权人、使用权人签订协议的方式，具体的分配办法则交由省、自治区、直辖市人民政府制定。这种改变主要源于以下三个因素的改变。

（一）补偿安置对象的改变

根据最新修订前的《土地管理法》及其实施条例，集体土地征收补偿安置的对象主要是被征收土地及其地上附着物的所有权人。这种一元化的补偿安置方式显然无法与土地改革后多元化的物权模式相适应，存在对承包地经营权人、宅基地使用权人和集体经营性建设用地使用权人权益保护不到位的问题，实践中引发了大量纠纷。为此，现行《土地管理法实施条例》第二十九条规定，征收主体不但要同拟征收土地的所有权人签订补偿安置协议，还要与使用权人签订补偿安置协议，从而将补偿安置对象从“所有权人”扩大到“使用权人”。这里的“使用权人”中除了原土地权利模式下的承包经营权人、宅基地使用权人、集体建设用地使用权人，还包括改革后新出现的承包经营权人、宅基地使用权人以及集体经营性建设用地使用权人，这些主体都要纳入集体土地征收后的补偿安置对象范围。在这种情况下，原有的将土地补偿费或者安置补助费全部支付给作为土地所有权人的集体经济组织的做法，显然无法与修法后多样的补偿安置主体以及相应多样化的安置补偿方式相适应。

（二）补偿安置款计算方式的变化

2004 年《土地管理法》第四十七条第二款规定：“……征收耕地的土地补偿费，为该耕地被征收前三年平均年产值的六至十倍。征收耕地的安置补助费，按照需要安置的农业人口数计算。需要安置的农业人口数，按照被征收的耕地数量除以征地前被征收单位平均每人占有耕地的数量计算。每一个需要安置的农业人口的安置补助费标准，为该耕地被征收前三年平均年产值的四至六倍。但是，每公顷被征收耕地的安置补助费，最高不得超过被征收前三年平均年产值的十五倍。"第三款规定:"征收其他土地的土地补偿费和安置补助费标准,由省、自治区、直辖市参照征收耕地的土地补偿费和安置补助费的标准规定。"据此,2019 年《土地管理法》修正前,土地补偿费和安置补助费主要是通过平均年产值倍数法进行计算。土地改革后,农村土地的用益物权价值被释放,土地的价值不仅表现在其农业生产要素方面,还体现在市场要素方面,原有的土地评估办法不仅不能全面地体现农村土地的价值,还会对新的用益物权人的财产权益和物权期待利益造成负面影响,从而成为阻碍改革推进的因素。为此,现行《土地管理法》第四十八条第三款规定:"征收农用地的土地补偿费、安置补助费标准由省、自治区、直辖市通过制定公布区片综合地价确定……"这里的"区片综合地价"是考虑土地原用途、资源条件、产值、区位、供求关系、人口以及经济社会发展水平等因素后综合确定的一个数值。从要素上看,它较为全面地体现了土地改革后农村土地的综合价值;从数量上看,它高于原来根据年产值倍数计算出的结果。然而,补偿安置费计算方式的改变使其实际上成为根据区片综合地价计算出的一笔费用,而不再是依据不同计算方式得出的实际可区分的土地补偿费和安置补助费两笔费用。这一点及其背后所隐含的更多的安置补偿主体,都使新法规定的土地补偿费和安置补助费不再适宜用简单的通过直接支付给集体经济组织或是其成员的方式进行分配。

(三)补偿安置方式的改变

《土地管理法》及其实施条例修改前,各种补偿费用是由行政主体根据安置补偿方案直接分配给相应的受偿主体。具体来说，土地补偿费直接支付给行使土地所有权的集体经济组织，再由集体经济组织通过自治权的行使分配给其成员。安置补助费则根据安置补助的情况，支付给负责安置补助的主体或者直接支付给需要安置的个人。在土地相关改革之前，由于权利体系比较封闭，权利主体也相对固定，这样的做法是比较适合的。然而，随着改革的推进，农村土地的权利体系逐渐呈开放状态，与之相伴，权利主体更加多样，权利流转方式也更加复杂，原有的适应相对固定权利主体的直接分配方式显然无法与之对应，迫切需要引入与现代权利体系相适应的分配方式。2021 年修订后的《土地管理法实施条例》第二十九条第一款规定："县级以上地方人民政府根据法律、法规规定和听证会等情况确定征地补偿安置方案后，应当组织有关部门与拟征收土地的所有权人、使用权人签订征地补偿安置协议。征地补偿安置协议示范文本由省、自治区、直辖市人民政府制定。"第三十一条规定："征收土地申请经依法批准后，县级以上地方人民政府应当自收到批准文件之日起十五个工作日内在拟征收土地所在的乡（镇）和村、村民小组范围内发布征收土地公告，公布征收范围、征收时间等具体工作安排，对个别未达成征地补偿安置协议的应当作出征地补偿安置决定，并依法组织实施。"据此，新的补偿安置制度通过引入征地与被征地主体直接签订补偿安置协议以及协议无法签订情况下作出补偿安置决定的方式，使集体土地征收补偿安置工作呈现更加开放和灵活的姿态，从以行政权单方面运作为主的模式演化为征收主体与被征收主体共同参与的土地开发利用活动。相较于原来相对固定统一的安排模式，这种平等协商安排土地补偿费和安置补助费的分配方式包容性更强，但与此同时，被征收主体的复杂和多元化，增加了很多不确定因素，从而不适宜或者说较难对其作出统一规定。

此外，2019 年修正的《土地管理法》第四十八条第五款规定："县级以上地方人民政府应当将被征地农民纳入相应的养老等社会保障体系。被征地农民的社会保障费用主要用于符合条件的被征地农民的养老保险等社会保险缴费补贴。被征地农民社会保障费用的筹集、管理和使用办法，由省、自治区、直辖市制定。"据此，被征地农民的社会保障费用首次以法律形式确定下来。但同样，由于不同地区社会保障费的筹集和管理体系差异，未能在国家立法层面作出统一规定。

三、物权体系的变化对补偿安置分配内容的影响

《土地管理法》第四十八条第二款规定："征收土地应当依法及时足额支付土地补偿费、安置补助费以及农村村民住宅、其他地上附着物和青苗等的补偿费用，并安排被征地农民的社会保障费用。"《民法典》第一百一十七条规定："为了公共利益的需要，依照法律规定的权限和程序征收、征用不动产或者动产的，应当给予公平、合理的补偿。"第二百四十三条第一款、第二款规定："为了公共利益的需要，依照法律规定的权限和程序可以征收集体所有的土地和组织、个人的房屋以及其他不动产。征收集体所有的土地，应当依法及时足额

支付土地补偿费、安置补助费以及农村村民住宅、其他地上附着物和青苗等的补偿费用，并安排被征地农民的社会保障费用，保障被征地农民的生活，维护被征地农民的合法权益。”据此，征收农村集体土地应当履行的补偿安置义务的内容包括土地补偿、安置补助、农村村民住宅、其他地上附着物和青苗以及社会保障等。

（一）土地补偿费的支付

《民法典》第二百六十一条第一款规定：“农民集体所有的不动产和动产，属于本集体成员集体所有。”第二百六十二条规定：“对于集体所有的土地和森林、山岭、草原、荒地、滩涂等，依照下列规定行使所有权：（一）属于村农民集体所有的，由村集体经济组织或者村民委员会依法代表集体行使所有权；（二）分别属于村内两个以上农民集体所有的，由村内各该集体经济组织或者村民小组依法代表集体行使所有权；（三）属于乡镇农民集体所有的，由乡镇集体经济组织代表集体行使所有权。”《土地管理法》第十一条规定：“农民集体所有的土地依法属于村农民集体所有的，由村集体经济组织或者村民委员会经营、管理；已经分别属于村内两个以上农村集体经济组织的农民集体所有的，由村内各该农村集体经济组织或者村民小组经营、管理；已经属于乡（镇）农民集体所有的，由乡（镇）农村集体经济组织经营、管理。”根据上述规定，农村集体经济组织或者村民小组是代表集体经济组织全体成员行使农村土地所有权的主体。据此，既然土地补偿费是对集体土地所有权的补偿,那么该笔费用支付给行使所有权的集体经济组织或者村民委员会自无不当。但是,根据《民法典》第二百六十一条和第二百六十二条的规定,集体经济组织或者村民委员会只是代行集体土地所有权的主体,其本身并非实际意义上的集体土地的所有权人。因此,在集体经济组织或者村民委员会取得土地补偿款后,还存在集体土地的真正所有权人,也就是本集体经济组织成员内部二次分配的问题。此外,根据《民法典》第三百二十七条"因不动产或者动产被征收、征用致使用益物权消灭或者影响用益物权行使的,用益物权人有权依据本法第二百四十三条、第二百四十五条的规定获得相应补偿"的规定,集体经济组织成员作为集体土地的用益物权人,其补偿安置利益也受到了法律的明确保护。

原国土资源部2004年11月印发的《关于完善征地补偿安置制度的指导意见》(已失效)第四条规定,关于土地补偿费的分配,按照土地补偿费主要用于被征地农户的原则,土地补偿费应在农村集体经济组织内部合理分配。2020年修正的最高人民法院《关于审理涉及农村土地承包纠纷案件适用法律问题的解释》第二十二条规定:"农村集体经济组织或者村民委员会、村民小组,可以依照法律规定的民主议定程序,决定在本集体经济组织内部分配已经收到的土地补偿费。征地补偿安置方案确定时已经具有本集体经济组织成员资格的人,请求支付相应份额的,应予支持……"由此可见,土地补偿费作为集体资产的对价,为集体收益的一部分。对于集体收益,集体成员有权利分享,可依成员权而取得。对此,《土地管理法》于2019年修正后,各地配套出台的地方性法规也均予以规定。例如,2021年修订的《天津市土地管理条例》第三十九条第三款规定:“拟征收土地的所有权人、使用权人应当在公告规定期限内,持不动产权属证明材料办理补偿登记。区人民政府应当组织有关部门测算并落实有关费用,保证足额到位,与拟征收土地的所有权人、使用权人签订征地补偿安置协议……”第四十三条第二款规定:“农村集体经济组织或者村民委员会应当按照征地补偿安置方案,将土地补偿费、安置补助费及时支付给村民,并将收支状况公布,接受监督;同时将土地补偿费、安置补助费分配和支付清单向区人民政府有关部门备案。”至于具体的支付比例,根据《村民委员会组织法》第二十四条第一款第七项的规定,属于集体经济组织自治权行使的范畴,应当由村民会议讨论决定,或者依据地方性法规确定,如《重庆市集体土地征收补偿安置办法》第八条第一款规定:“征收家庭承包土地的,土地补偿费的80%由农村集体经济组织按照被征收土地面积发放给承包经营户,土地补偿费的20%由农村集体经济组织依法管理和使用;征收未发包土地或者其他方式承包土地的,土地补偿费由农村集体经济组织依法管理和使用。”

需要注意的是,《农村土地承包法》第二十七条规定:“承包期内,发包方不得收回承包地。国家保护进城农户的土地承包经营权。不得以退出土地承包经营权作为农户进城落户的条件。承包期内,承包农户进城落户的,引导支持其按照自愿有偿原则依法在本集体经济组织内转让土地承包经营权或者将承包地交回发包方，也可以鼓励其流转土地经营权……”对比2009年《农村土地承包法》第二十六条规定的“承包期内，发包方不得收回承包地。承包期内，承包方全家迁入小城镇落户的，应当按照承包方的意愿，保留其土地承包经营权或者允许其依法进行土地承包经营权流转。承包期内，承包方全家迁入设区的市，转为非农业户口的，应当将承包的耕地和草地交回发包方。承包方不交回的，发包方可以收回承包的耕地和草地……”不难发现，修法后：一是补充、明确了在农户进城以前，不得将退出土地承包经营权作为农民进城落户的条件；二是删除了要求进城农户交回承包地、不交回就收回的规定，修改为由进城农户自主选择如何处分土地承包经营权，法律予以引导支持，既可以按照自愿有偿原则，依法将土地承包经营权转让给本集体经济组织其他农户，也可以自愿有偿地将承包地交回发包方，还可以流转土地经营权；三是不再对耕地、草地、林地进行区别处理，而是对土地承包经营权作统一规定，均可由进城落户农民保留。① 结合《农村土地承包法》第十六条第一款“家庭承包的承包方是本集体经济组织的农户”的规定，《农村土地承包法》的上述变化并没有否定“土地承包经营权是农村集体经济组织成员的财产性权利，农村集体经济组织成员身份又是获得土地承包

① 参见吴昭军、黄忠：《土地承包经营权的稳定与保障》，载《光明日报》2019年2月12日，第11版。

经营权的前提条件”[①]的基本法理，只是明确了户籍登记不宜作为集体经济组织成员资格确认的主要标准。不仅如此，从2018年《农村土地承包法》的修正过程中，《农村土地承包法修正案（草案）》和《农村土地承包法修正案（草案）（二次审议稿）》第二十七条第三款“承包期内，承包方全家迁入城镇落户，纳入城镇住房和社会保障体系，丧失农村集体经济组织成员身份的，支持引导其按照国家有关规定转让土地承包经营权益”没有被最终采纳的情况看，是否纳入城镇住房和社会保障体系，或者换句话说，是否以农村土地为主要生活来源，也不是保留集体经济组织成员身份，进而决定是否保留承包地的主要考量依据。据此，在承包地征收补偿中，进城落户农民可以依据自己享有的土地承包经营权获得相应的土地补偿款。

除土地的所有权人外，根据《土地管理法》第四十七条第四款的规定，土地补偿费还需要在使用权人中进行分配。在集体土地使用权中，宅基地使用权、承包经营权都是基于集体经济组织成员无偿获取的用益物权，对这两种权利的补偿已经在其基于成员权获得的从集体经济组织所得土地补偿款的二次分配中实现。因此，需要重点讨论的是农村土地改革之后，以市场化方式流转产生的集体经营性建设用地使用权人、承包地经营权人如何分享土地补偿收益的问题。

① 刘振伟：《关于〈中华人民共和国农村土地承包法修正案（草案）〉的说明》，2017年10月31日在第十二届全国人民代表大会常务委员会第三十次会议上的报告。

对于土地经营权,《农村土地承包法》认可有以下几种表现形式:其一,承包方承包土地并自我经营时,土地承包经营权与土地经营权统合,不作区分;其二,土地承包经营权人以出租、入股等方式将承包的土地流转给不限于本集体经济组织成员的第三人经营时,第三人因权利流转享有的土地经营权;其三,不宜采取家庭承包方式的荒山、荒沟、荒丘、荒滩等农村土地,通过招标、拍卖、公开协商等方式承包农村土地的,承包方取得土地经营权。显然,以市场化方式流转产生的土地经营权仅包括后两种。对于此类经营权的补偿,《农村土地承包法》第四十条规定:"土地经营权流转,当事人双方应当签订书面流转合同。土地经营权流转合同一般包括以下条款……(七)土地被依法征收、征用、占用时有关补偿费的归属……承包方将土地交由他人代耕不超过一年的,可以不签订书面合同。"据此,经营权人可以取得的土地补偿费,有合同约定的一般应当依据流转合同的约定执行。但实践中也可能存在没有合同约定的情形,在没有合同约定的情况下,经营权可否以及如何分配土地补偿费就取决于经营权的法律性质。从经营权设立的制度用意来看,经营权旨在释放承包经营权的用益物权权能,因此,其应当具备用益物权的属性,正因如此,《民法典》也是将其规定在"用益物权"分编中。《民法典》第三百四十一条规定:"流转期限为五年以上的土地经营权,自流转合同生效时设立。当事人可以向登记机构申请土地经营权登记;未经登记,不得对抗善意第三人。"由此可以看出,5 年以上的经营权从合同生效和物权登记角度看,都与同为用益物权的承包经营权相同，因此，可以说其具备完全的物权属性。5 年以下的经营权由于法律没有明确规定，学界对其法律属性存在一定争论。本书认为，即使是 5 年以下的经营权，也应当承认其用益物权的属性。《民法典》虽然没有对其登记作出规定，但经营权的登记只是产生对抗效力的要件而非生效要件，所以不能将此作为其法律属性的依据。更为重要的是，从经营权设立的制度初衷来看，无论期限长短，经营权存在的意义和初衷都是释放农地用益物权的功能，所以应当将其定位为物权。对于具备用益物权属性的经营权，自然具备物上请求权的功能，可以根据剩余使用年限在承包经营权年限中的比例，从被征收承包地的土地价值中取得相应比例的土地补偿费。

对于经营性建设用地使用权，从立法意图上看，除了旨在释放集体建设用地的用益物权功能，该项制度作为与传统征收土地并行的用地制度，也是缩小征地范围的一项有力措施。但是，这并不意味着经营性建设用地不存在被征收的问题。由于入市后的集体经营性建设用地仍然属于集体土地而非国有土地，且处在用途管制下的集体经营性建设用地存在规划调整的问题，因此，即使入市，也仍然存在被征收的可能性，所以，有必要对此类土地被征收时的土地权益分配问题进行研究。《土地管理法实施条例》第四十条规定："土地所有权人应当依据规划条件、产业准入和生态环境保护要求等，编制集体经营性建设用地出让、出租等方案……集体经营性建设用地出让、出租等方案应当载明宗地的土地界址、面积、用途、规划条件、产业准入和生态环境保护要求、使用期限、交易方式、入市价格、集体收益分配安排等内容。”第四十一条规定：“土地所有权人应当依据集体经营性建设用地出让、出租等方案，以招标、拍卖、挂牌或者协议等方式确定土地使用者，双方应当签订书面合同，载明土地界址、面积、用途、规划条件、使用期限、交易价款支付、交地时间和开工竣工期限、产业准入和生态环境保护要求，约定提前收回的条件、补偿方式、土地使用权届满续期和地上建筑物、构筑物等附着物处理方式，以及违约责任和解决争议的方法等，并报市、县人民政府自然资源主管部门备案。未依法将规划条件、产业准入和生态环境保护要求纳入合同的，合同无效；造成损失的，依法承担民事责任。合同示范文本由国务院自然资源主管部门制定。”据此，入市后的集体经营性建设用地如何分配土地补偿收益，原则上取决于合同的约定。同样，在没有约定或者约定不明的情况下，其能否和如何取得土地补偿收益就取决于集体经营性建设用地的法律属性。

我国《民法典》没有对集体建设用地使用权作出明确规定，《民法典》规定的建设用地使用权概念是以国家所有的土地为前提的。但《民法典》第三百六十一条规定，集体所有的土地作为建设用地的，应当依照土地管理的法律规定办理。作为调整土地关系的特别法，《土地管理法》第六十三条明确规定集体经营性建设用地使用权参照同类用途的国有建设用地执行。结合2014年12月在中央全面深化改革领导小组第七次会议和中央政治局常委会会议上审议通过的《关于农村土地征收、集体经营性建设用地入市、宅基地制度改革试点工作的意见》中关于“同权同价、流转顺畅、收益共享,构建城乡统一的建设用地市场”的改革目标来看,集体经营性建设用地使用权与国有建设用地使用权在权能上应当是相同的,二者同为物权种类中的用益物权。但需要注意的是,农村集体经营性建设用地使用权的转让有出让、出租等不同方式,而租赁集体经营性建设用地的权利人在租赁期间对所租赁的集体经营性建设用地显然只享有按合同约定使用该土地的债权,而非物权。因此,其不具有直接参与分配土地征收补偿权益的权利。以出让方式取得集体经营性建设用地的使用权人因享有用益物权,其可以据此向征收人直接请求分配土地征收补偿权益。

至于补偿标准,《土地管理法》及其实施条例规定由省、自治区、直辖市制定。从各地出台的相关规定来看,普遍采取了参照农用地补偿标准的做法。例如,《桂林市新一轮征地区片综合地价标准》(2023 年 1 月 1 日起实施)规定:“涉及征收永久基本农田的,按照不低于征收农用地区片综合地价标准的 1.1 倍进行补偿;征收集体建设用地的,按照不低于征收农用地区片综合地价标准的 0.4 倍进行补偿;征收集体未利用地的,按照征收农用地区片综合地价标准的 0.1 至 0.4 倍进行补偿……”江西省人民政府《关于公布全省征地区片综合地价的通知》(2020 年 2 月 28 日)规定,使用征地区片综合地价作为“征收农村集体土地补偿的重要参考依据”。山东省人民政府《关于山东省征地区片综合地价的批复》(2020 年

5月30日)规定:“……其他地类以征地区片综合地价为基础按以下系数调整:永久基本农田1.2,建设用地1.0,未利用地0.8。”对此,本书认为,虽然区片综合地价是在考虑了区位等多种因素后确定的土地价值,但是,在市场交易条件下确定的建设用地价值通常要远高于政府计算所得出的农用地价值。以全国人大常委会授权的江苏省常州市武进区试点为例,截至2017年7月,武进区集体经营性建设用地在一级市场以出让、租赁、作价出资入股等方式入市664亩,交易金额3.2亿元,均价为48万元/亩。根据江苏省2020年5月发布的通知,武进区虽然被确定为江苏省的一类地区,但其农用地最低补偿标准仅为6.4万元/亩,即使加上政府为被征收农民提供的社会保障费用(主要为养老保险),被征地农民在集体土地征收和入市过程中所获得的土地收益分配依然存在较大差距。在这种情况下,如果获取集体经营性建设用地支付的是市场价格,而征收时只能得到以“集体农用地区片综合地价”为基础计算出的价值,那么通过有偿受让取得集体经营性建设用地使用权的投资者就会因为这一类土地的补偿标准过低而对相关投资的安全性生疑,甚至望而却步。如果这种情况成为常态,即使法律层面建立了集体经营性建设用地入市制度,该制度也会因为缺乏购买方的支持而在现实中流产。①因此,对于征收集体经营性建设用地而言,应当以周边同区位的集体经营性建设用地出让价格为基础来进行评估。例如,

① 参见程雪阳:《论集体土地征收与入市增值收益分配的协调》,载《中国土地科学》2020年第10期。

江苏省人民政府《关于公布江苏省征地区片综合地价最低标准的通知》(2020年5月19日)规定:“涉及征收依法取得的集体经营性建设用地采用宗地地价评估的方式确定。”这样才能真正实现此项改革所欲实现的集体经营性建设用地与国有建设用地“同地同权同价”的制度初衷。

(二)安置补助费的支付

安置补助费是指国家征收集体土地后,为了安置被征地单位由于征地造成的多余劳动力,解决以土地为主要生产资料和生活来源的农业人口的生活,国家所给予的补助费用。由此可见,安置补助费的目的是解决失去土地农民的安置问题,解决他们失去主要生产资料和生活来源后的生存问题,具有强烈的人身属性。因此,安置补助费原则上只能在本集体经济组织成员内部进行分配。如前文所述,在承包经营权“三权分置”改革中,承包权分担了农地原有的社会保障功能,而在宅基地“三权分置”改革中,资格权旨在确保集体经济组织成员基于成员资格而享有的住房权益,二者都属于社会保障制度的范畴。故而,安置补助费本质上是对集体经济组织成员资格的一种补偿。无论是何种土地权利人,只有享有集体经济组织成员资格,才可以参与安置补助费的分配。在这个问题上,有以下三种情形需要特别加以讨论:

一是土地承包经营权的受让人可否参与分配。《农村土地承包法》第三十四条规定:“经发包方同意,承包方可以将全部或者部分的土地承包经营权转让给本集体经济组织的其他农户，由该农户同发包方确立新的承包关系，原承包方与发包方在该土地上的承包关系即行终止。”据此，农村土地承包经营权转让意味着旧承包关系的终止和新承包关系的开始。受让人由此合法取得了土地承包经营权，成为新的承包经营权人，且其身份为集体经济组织成员，若遇承包地被征收，受让人而非出让人有权根据经村民民主程序确定的征地补偿费用分配方案参与征地补偿分配。但需要注意的是，随着“三权分置”改革后经营权的确立，我们应认真区分土地承包经营权转让合同和土地经营权流转合同。如果是后者，受限于经营权受让人的身份及经营权本身的属性问题，经营权受让人一般情况下不能直接参与安置补偿款的分配，而只有作为出让人的承包方可以获取相应的补偿安置权益。对此，最高人民法院《关于审理涉及农村土地承包纠纷案件适用法律问题的解释》第二十一条规定：“承包地被依法征收，放弃统一安置的家庭承包方，请求发包方给付已经收到的安置补助费的，应予支持。”

二是以其他方式承包农村土地的承包经营权人可否参与分配。《农村土地承包法》第四十八条规定：“不宜采取家庭承包方式的荒山、荒沟、荒丘、荒滩等农村土地，通过招标、拍卖、公开协商等方式承包的，适用本章规定。”第四十九条规定：“以其他方式承包农村土地的，应当签订承包合同，承包方取得土地经营权。当事人的权利和义务、承包期限等，由双方协商确定。以招标、拍卖方式承包的，承包费通过公开竞标、竞价确定；以公开协商等方式承包的，承包费由双方议定。”根据本条规定,以其他方式承包农村土地的,承包方取得的是土地经营权,区别于以家庭承包方式取得的土地承包经营权,此种权利已经脱逸出身份属性,不能由“土地承包经营权”这一概念予以涵盖。因此,即使承包地被依法征收,在承包方并非本集体经济组织成员的情况下,理论上不存在土地被征收而失去生产资料和生活来源的问题,其权利损失应当通过征收方给付的地上附着物和青苗补偿费,并依据与发包方之间签订的承包合同得到填补,而不能参与安置补助费的分配。需要注意的是,《农村土地承包法》第五十一条规定:“以其他方式承包农村土地,在同等条件下,本集体经济组织成员有权优先承包。”这意味着集体经济组织成员也可以成为“四荒地”的承包主体。在集体经济组织成员承包“四荒地”的情况下,其当然可以主张安置补助费,但请求权的依据不是“四荒地”的承包权本身,而是其集体经济组织成员的身份。

三是“出嫁女”可否参与安置补助费的分配。由于我国农村实行以户为单位的生产生活资料分配体制,长期以来对于是否具备集体经济组织成员资格的认定,司法实践及社会习惯均以户籍为认定村民资格的重要依据。依照这一思路,对于已将户口迁出本村的出嫁女,很多地方不认定其为本村村民,不将其列为安置补助的对象。但是,根据《农村土地承包法》第三十一条的规定:“承包期内,妇女结婚,在新居住地未取得承包地的,发包方不得收回其原承包地;妇女离婚或者丧偶,仍在原居住地生活或者不在原居住地生活但在新居住地未取得承包地的,发包方不得收回其原承包地。”安置补助费的目的是解决失去土地农民的安置问题,保障其失去主要生产资料和生活来源后的生存。《农村土地承包法》第三十一条对妇女保护的规定,体现出国家对以土地为基本生活保障的农民,特别是妇女这一相对弱势群体的保护。因此,对于已将户口迁出本村的“出嫁女”,若其在新居住地未取得承包地或无其他基本社会保障,其在本村的土地就不应予以收回,集体经济组织成员身份也不能被随意剥夺。相应的,在其耕地被征收后,“出嫁女”也应当有权参与安置补助费的分配。

(三)地上物补偿费用的支付

《土地管理法实施条例》第三十二条第二款规定:“地上附着物和青苗等的补偿费用,归其所有权人所有。”《农村土地承包法》第四十三条规定:“经承包方同意,受让方可以依法投资改良土壤,建设农业生产附属、配套设施,并按照合同约定对其投资部分获得合理补偿。”最高人民法院《关于审理涉及农村土地承包纠纷案件适用法律问题的解释》第二十条规定:“承包地被依法征收,承包方请求发包方给付已经收到的地上附着物和青苗的补偿费的,应予支持。承包方已将土地经营权以出租、入股或者其他方式流转给第三人的,除当事人另有约定外,青苗补偿费归实际投入人所有,地上附着物补偿费归附着物所有人所有。”根据上述规定,由于地上附着物和青苗的所有权归投入者所有,因此,在土地征收过程中,《土地管理法》规定的“其他地上附着物和青苗等的补偿费

用”自然应当归其所有。在这个问题上,需要注意以下三个问题:

一是对被征地农民住房的安置应以房屋权属证书为准还是以户籍为准。根据我国相关法律规定,农村居民一户只能拥有一处宅基地。由于集体土地上的宅基地系以“户”为单位分配和使用,故在集体土地征地的安置补偿过程中,对被征地群众的安置也往往以“户”为单位进行。由于宅基地系以户为单位使用,申请宅基地通常需要符合分户条件,故一般情况下,“户”所可能包含的“户籍”和“产权”两个概念是不冲突的。但由于房屋权属证书颁发与户籍管理关系不协调等历史因素,权属证书和户籍信息在实践中确实存在不一致的情形。例如,成年子女虽未与父母分户,但已经合法取得宅基地,并独立居住。对此,应按照产权“户”还是户籍“户”进行补偿,就产生了不同的认识。有意见认为,以户为单位的“户”系指“户籍”,只要当事人户籍在一处,就应当作为一个安置单位,合并安置。对此,本书认为,由于房屋安置的首要目的在于解决被征收人的实际居住问题,在被征收人原集体土地上房屋被拆除后有损失的情况下,针对的是原房屋的物权,体现的是一种财产性价值,其功能在于保障被征收人的居住条件不因土地房屋征收而降低。因此,虽然我国农村集体土地上房屋的管理长期以户籍为单位,但在户籍与产权发生冲突的情况下,仍应当以房屋产权为着眼点,体现出房屋的居住价值。一方面,这与2019年修正后的《土地管理法》的立法用意相符。该法将农村村民住宅单独列出作为与“其他地上附着物”并列的安置补偿对象，并且规定对“农村村民住宅，应当按照先补偿后搬迁、居住条件有改善的原则，尊重农村村民意愿，采取重新安排宅基地建房、提供安置房或者货币补偿等方式给予公平、合理的补偿，并对因征收造成的搬迁、临时安置等费用予以补偿，保障农村村民居住的权利和合法的住房财产权益”，从而凸显了住宅的财产属性而不是身份属性。另一方面，《土地管理法》规定征地补偿应当保障失地农民生活水平不下降，这一原则不仅包括征收部门进行住房安置时，应当保障被征收人依法享有的居住面积，还应当包括确保被征收人的居住便利性不因征地行为受到不当损害。如果不考虑房屋的产权情况，一味以户籍为安置补偿依据，无疑会损害被征收人已经享有的居住便利性。因此，按照实际的房屋权属情况进行安置更符合《土地管理法》的立法精神，也更有利于对被征收人合法权益的保护。

二是集体土地上房屋的经营性承租人的补偿问题。承租人能够取得什么样的补偿及其取得补偿的方式取决于租赁权的法律属性。房屋租赁权虽然具有对房屋占有、使用的功能，但根据“物权法定”的原则，《民法典》中规定的用益物权只有土地承包经营权、建设用地使用权、宅基地使用权、居住权、地役权、担保物权，而不包括房屋租赁权。因此，基于合同设立的租赁权在性质上属于债权。2021 年修订后的《土地管理法实施条例》虽然规定，集体土地征收过程中，有关部门应当与拟征收土地的所有权人、使用权人签订征地补偿安置协议，但由于征收行为针对的是物权，所以这里的“使用权”指向的应当是用益物权层面的使用权,而非债权层面的使用权。据此,租赁权人可以根据债的相对性原理向出租人主张相关权益,但因其不享有物上请求权,所以一般不能直接向征收人主张补偿安置。具体来说,租赁集体土地上房屋从事生产经营的经营者,其具有所有权的财产(如其机器设备等)在征收过程中受有损失,作为所有权人,其可以直接向征收人主张相关补偿或者赔偿。但因征收造成的搬迁补偿,以及经营性房屋的停产停业损失,理论上只能向作为所有权人或者使用权人的出租人主张。其中较有争议的是作为房屋价值一部分的装饰装修残值应当如何补偿的问题。装饰装修虽然属于承租人投入的财产,但根据相关规定,在动产与不动产附合的情况下,由不动产所有权人取得附合物的所有权。在新的财产归不动产所有权人所有以后,动产所有权发生消灭。动产所有权人可以取得与其动产价值相当的补偿。因此,装饰装修物与被征收房屋形成附合的情况下,应当由房屋所有权人取得装饰装修物的所有权,承租人可向出租人主张附合造成的财产损失。

实践中,征收部门为了顺利推进土地和房屋征收,也有将承租人直接纳入补偿法律关系中,并将装修改建以及停产停业、搬迁补偿等费用直接拨付给承租人的做法。这种方式可以有效防止出租人与承租人之间的后续纠纷引发社会稳定问题,具有积极意义。但在操作层面,由于出租人与承租人天然存在权利竞争关系,而作为公法主体的征收人往往很难清晰界定相关补偿的归属,过度介入出租人与承租人之间的私权利关系，很容易导致补偿关系的混乱和征收工作的延宕。因此，相关部门可以搭建平台进行协商和调解，全面掌握相关权利义务关系，同时，对于权利义务关系明确的出(承)租人，可以直接进行补偿分配，而对于存在较大争议的情形，原则上应当按照前段所述的法律关系依法推进征收补偿工作。

三是“小产权房”的补偿安置问题。对建设在集体土地上出售给非集体经济组织成员的所谓“小产权房”，国家一直持限制的态度。2004 年修正的《土地管理法》第六十三条规定：“农民集体所有的土地的使用权不得出让、转让或者出租用于非农业建设；但是，符合土地利用总体规划并依法取得建设用地的企业，因破产、兼并等情形致使土地使用权依法发生转移的除外。”原国家土地管理局〔1990〕国土函字第 97 号《关于以其他形式非法转让土地的具体应用问题请示的答复》明确规定：原宅基地使用者未经依法批准通过他人出资翻建房屋，给出资者使用，并从中牟利或获取房屋产权，是属“以其他形式非法转让土地”的违法行为之一。国务院办公厅 1999 年颁布的《关于加强土地转让管理严禁炒卖土地的通知》规定：“农民的住宅不得向城市居民出售，也不得批准城市居民占用农民集体土地建住宅，有关部门不得为违法建造和购买的住宅发放土地使用证和房产证。”国务院《关于深化改革严格土地管理的决定》(国发〔2004〕28 号)规定：“禁止农村集体经济组织非法出让、出租集体土地用于非农业建设。改革和完善宅基地审批制度，加强农村宅基地管理，禁止城镇居民在农村购置宅基地。”国务院办公厅《关于严格执行有关农村集体建设用地法律和政策的通知》(国办发〔2007〕71号)规定:“农村住宅用地只能分配给本村村民,城镇居民不得到农村购买宅基地、农民住宅或‘小产权房’。单位和个人不得非法租用、占用农民集体所有土地搞房地产开发。”原国土资源部、中央农村工作领导小组办公室、财政部、原农业部《关于农村集体土地确权登记发证的若干意见》(国土资发〔2011〕178号)规定:“对于借户籍管理制度改革或者擅自通过‘村改居’等方式非经法定征收程序将农民集体所有土地转为国有土地、农村集体经济组织非法出让或出租集体土地用于非农业建设、城镇居民在农村购置宅基地、农民住宅或‘小产权房’等违法用地,不得登记发证。”原国土资源部、住房和城乡建设部《关于房屋交易与不动产登记衔接有关问题的通知》(国土资发〔2017〕108号)规定:“防止小产权房通过不动产登记合法化。”对于买卖“小产权房”合同的法律效力,《第八次全国法院民事商事审判工作会议(民事部分)纪要》在“关于农村房屋买卖问题”部分规定:“在国家确定的宅基地制度改革试点地区,可以按照国家政策及相关指导意见处理宅基地使用权因抵押担保、转让而产生的纠纷。在非试点地区,农民将其宅基地上的房屋出售给本集体经济组织以外的个人,该房屋买卖合同认定为无效。合同无效后,买受人请求返还购房款及其利息,以及请求赔偿翻建或者改建成本的,应当综合考虑当事人过错等因素予以确定。”“在涉及农村宅基地或农村集体经营性建设用地的民事纠纷案件中,当事人主张利润分配等合同权利的,应提供政府部门关于土地利用规划、建设用地计划及优先满足集体建设用地等要求的审批文件或者证明。未提供上述手续或者虽提供了上述手续，但在一审法庭辩论终结前土地性质仍未变更为国有土地的，所涉及的相关合同应按无效处理。”由此可见，“小产权房”在法律和政策上始终是未被国家承认。虽然2019年修正后的《土地管理法》已经删除了2004年《土地管理法》第六十三条的规定，但这主要是为集体经营性建设用地入市扫清障碍，而不意味着“小产权房”的合法化。在集体经营性建设用地改革试点过程中，绝大多数地方是禁止其用于建设商品房和住宅的，而入市后的集体经营性建设用地是否可以放开这一限制，目前法律尚未予以明确。鉴于“小产权房”买卖合同无效，购买的房屋也不可能通过登记取得合法物权，因此，理论上，购房人不能取得所购买房屋的补偿利益，除非出现流转行为发生在前述法律和政策颁布之前，宅基地已经由集体所有转变为国有，诉争宅基地最终转让给本集体经济组织成员，买受人一方家庭成员为本集体经济组织成员，买受人受让宅基地后成为本集体经济组织成员，流转行为发生在试点地区等情形。这些情形不属于国家有关禁止城镇居民在农村购买宅基地的文件精神规定的范围，在缺乏可明确判定合同无效的裁判依据的前提下，可认定合同和相应的买卖行为有效。①

需要注意的是，即便在买卖行为无效的情形下，由于农村私有房屋交易是在城乡人口流动加大、居住区域界限打破和

① 参见最高人民法院审判管理办公室：《乡村振兴背景下宅基地使用权流转纠纷司法数据分析报告》，载《审判管理动态》2020年12月9日。

城乡一体化的大背景下产生的,相关部门监管不力、农村集体经济组织相对涣散是这种现状的制度诱因,而土地市场价格的持续上涨、房屋拆迁补偿等利益驱动是引起此类案件的直接原因。所以,处理“小产权房”补偿安置事宜,应当实事求是地看待上述背景,即要考虑到目前城乡界限仍未完全打破,农村集体经济组织仍有一定的封闭性,农村土地属于集体所有,目前法律、政策限制集体土地流转是一种现实;同时也要认识到此类案件产生的复杂性,妥善解决相关的利益冲突和矛盾。① 实践中,在“小产权房”不违反相关规划和土地政策的前提下,可以综合考虑房屋现值和买受人原买卖价格,按照公平原则对“小产权房”的成本损失给予适当补偿。

(四)社会保障费用的支付

对于社会保障费用,2021 年修订后的《土地管理法实施条例》明确规定,主要用于符合条件的被征地农民的养老保险等社会保险缴费补贴。因此,社会保障费的支付在法律上不存在异议。此处需要讨论的问题有两个:

一是社会保障费与安置补助费的关系。在法理层面,社会保障和集体经济组织成员身份及其据此取得的承包地、宅基地因征收而丧失所支付的安置补助费用具有不同的法律属性。社会保障是国家或社会对其成员依法提供基本生活保障的社会安全制度,其本质是一种政府义务、公民权利,属公法

① 参见北京市高级人民法院《关于印发农村私有房屋买卖纠纷合同效力认定及处理原则研讨会会议纪要的通知》(京高法发〔2004〕391 号)。

范畴。集体经济组织成员的身份以及据此取得的土地承包经营权、宅基地使用权虽然也具有社会保障的功能,但其是集体经济组织自身成员权的衍生物,是农民作为集体经济组织成员,以集体所有的土地进行的自我保障,而非社会保障,本质上是一种民事权利,属于私法范畴。[①] 农民之所以可以依据身份“无偿”取得土地承包经营权,是因为农村土地集体所有制形成的历史沿革、集体土地所有权之法权基础。从历史维度来看,集体经济组织成员权、土地承包经营权和宅基地分配权的取得并非真的“无偿”,而是源自生产资料的公有化。从法权维度来看,土地承包经营权和宅基地使用权是在集体土地所有权上设定的权利负担,属于民事法律行为。所以,认为农民无偿享有土地承包经营权和宅基地使用权,同时享受城镇社会保障,就会“超越”城镇居民待遇而悖于社会公正的观点是不成立的。同理,因集体经济组织成员权或者土地承包经营权和宅基地使用权的丧失,国家支付的安置补助费,是集体土地所有权行使的法律效果,而不是国家或社会对农民提供的社会保障。[②] 因此,新法规定的社会保障费用与因征收土地而支付给被征收人的安置补助费用虽然都具有社会保障功能,但前者具有“公力救济”的性质,后者则是对征收对象本身所具有的自身权能的对价。

二是土地征收过程中安排的社会保障费用和被征收人自

① 参见王勇、付时鸣:《我国农地制度具有“社会保障”功能吗》,载《经济学家》2006 年第 1 期。

② 参见高圣平、王天雁、吴昭军:《〈中华人民共和国农村土地承包法〉条文理解与适用》,人民法院出版社 2019 年版,第 135 - 136 页。

身参加的城镇社会保障之间的关系。实践中，对于已参加城镇职工基本养老保险等社会保障的被征收人，征收部门常常会以不能重复享受社会保障为由，拒绝为其办理被征地农民社会保障，从而引发争议。对此，本书认为，《社会保险法》第十六条第二款规定："参加基本养老保险的个人，达到法定退休年龄时累计缴费不足十五年的，可以缴费至满十五年，按月领取基本养老金；也可以转入新型农村社会养老保险或者城镇居民社会养老保险，按照国务院规定享受相应的养老保险待遇。"第九十六条规定："征收农村集体所有的土地，应当足额安排被征地农民的社会保险费，按照国务院规定将被征地农民纳入相应的社会保险制度。"人力资源和社会保障部、原卫生部、财政部《流动就业人员基本医疗保障关系转移接续暂行办法》第二条规定："城乡各类流动就业人员按照现行规定相应参加城镇职工基本医疗保险、城镇居民基本医疗保险或新型农村合作医疗，不得同时参加和重复享受待遇……"第四条规定："新型农村合作医疗参合人员参加城镇基本医疗保险后，由就业地社会（医疗）保险经办机构通知户籍所在地新型农村合作医疗经办机构办理转移手续，按当地规定退出新型农村合作医疗，不再享受新型农村合作医疗待遇。"据此，养老保险和医疗保险作为保障公民在年老、疾病等情况下依法从国家和社会获得物质帮助的社会保障制度，对于公民个人而言，可以在一定条件下进行保险间的转移，但不能重复参保和享受。因此，当征收部门统一为被征地村集体经济组织成员办理失地农民社会保障时，若被征地农民已经通过个人缴费参加了社会保险，并享受了保险待遇，根据《社会保险法》等相关规定，就不能重复享受两份养老、医疗等保险待遇。但是，不能重复享受社会保险待遇并不意味着被征收人的安置补助权益的丧失。按照《国务院办公厅转发劳动保障部关于做好被征地农民就业培训和社会保障工作指导意见的通知》（国办发〔2006〕29号）关于被征地农民社会保障政策适用于农村集体土地被政府依法征收情况的规定，以及《土地管理法》第四十八条第五款“被征地农民的社会保障费用主要用于符合条件的被征地农民的养老保险等社会保险缴费补贴”和《社会保险法》第九十六条的规定，同时，参考2014年修订的《土地管理法实施条例》第二十六条第二款“不需要统一安置的，安置补助费发放给被安置人员个人或者征得被安置人员同意后用于支付被安置人员的保险费用”的内容，如果被征地农民在当地政府统一为被征地集体经济组织成员办理失地农民社会保障时，因个人缴费参加相关社会保险，并享受相关待遇，无须统一安置的，征收部门可以将用于解决被征地农民社会保障问题的费用返还本人，以维护被征地农民合法权益。

第五章

诉讼要件理论与土地征收案件的起诉与受理

在探讨土地征收案件的起诉与受理问题之前,我们首先应当明确,在诉讼过程中,起诉与受理解决的是什么层面的问题。众所周知,原告提起一个诉,如果这个诉可以进法院的门并且最终能够得到法院支持,那么这个诉讼活动就成功了。因此,“进门”与“得到法院支持”是诉讼成功的两个必经阶段。一个案件能否“进门”,取决于两个问题:起诉行为本身是否合法以及经由该行为所提之诉是否合法。前者,也就是起诉行为本身是否合法,学理上称为“诉的适法提起”,它解决的是当事人的起诉是否有效、是否能够使所提之诉系属于法院的问题。判断诉是否适法提起,或者说,起诉行为是否合法的标准,我们称为“起诉要件”。无论在大陆法系还是英美法系国家,起诉要件普遍关注的是当事人向法院起诉时所提交的诉状是否符合形式要求,以及是否对被告进行了适法送达,只要满足这些形式要件,诉讼便正式成立,案件就系属于法院。如果不具备起诉要件且又无法补正,起诉将面临不予立案或者被驳回的结果。对起诉要件的审查于诉讼开始之前,其功能在于确定当事人的起诉行为是否足以发动诉讼程序。

起诉行为所提之诉是否合法,学理上称为“诉的适法性”,它是指案件满足由受诉法院作出实体裁判所需的法律要件的具备性。衡量诉的适法性的标准,或者说,判断一个案件能否由法院一直审理直至作出实质性判决的标准,称为“诉讼要件”。目前,通说所定义的“诉讼要件”是指法院在立案后,对案件实体权利义务争议问题继续审理并作出实体判决的要件,[①]因此也叫作“实体判决要件”,欠缺诉讼要件便不能作出判决。与起诉要件不同,对诉讼要件的审查与案件的审理并行于诉讼系属之后,是法院进行案件审理并作出判决的前提条件,其功能在于确保诉讼程序的合法性。

所提之诉能够“得到法院支持”这个问题在学理上被称为“诉的理由具备性”,它是指案件进入法院实体审理阶段后,法院对原告所提主张是否予以支持的一种实体上的判断。衡量诉的理由具备性的标准称作“本案要件”,又叫作“权利保护要件”,它是当事人请求法院作出有利于己方的本案判决所必需之要件,只要当事人一方具备此项要件,该当事人就具有要求法院作出有利于己方的本案判决的权利。诉讼要件与本案要件的主要区别在于,诉讼要件从程序角度审查诉之合法性问题,而本案要件从实体法的角度判断当事人的诉请是否能够得到支持。综合以上分析,诉讼的整个过程可以用图 5 - 1 表示为三个部分。

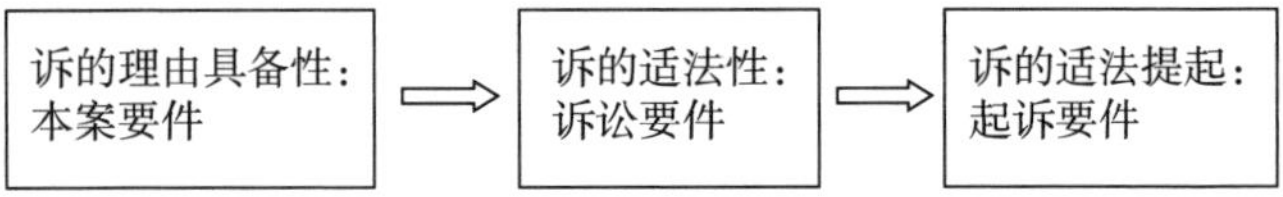

图 5 - 1　诉讼的全过程

本章将要讨论的起诉与受理问题,显然是在解决案件的

---

① 参见张卫平:《民事诉讼:关键词展开》,中国人民大学出版社 2005 年版,第 69 页。

“进门”问题。因此,研究起诉与受理,实质上就是要研究诉的适法提起与诉的适法性,就是要研究起诉要件与诉讼要件以及在特定情形下二者之间及其与本案要件之间的关系问题。

一、起诉要件

如前文所述,起诉要件是指诉的提起应符合适法性所必须具备的前提条件。从学理上讲,“欠缺此要件时,即使存在起诉行为,其起诉在诉讼法上也视为不成立”[①],不能产生预期的法律效果。起诉只有符合有关起诉要件而不存在欠缺才能够使诉讼系属于法院。根据我国行政诉讼法的规定,行政诉讼的起诉要件具体包括以下几个方面。

(一)确定当事人

诉讼的目的是解决当事人之间的纠纷,所以任何诉讼的存在都是以接受审判的对立的当事人存在为前提,并把他们作为主体,让他们在诉讼活动中去追求诉讼上的利益,这种当事人之间的对立关系构成诉讼的基本结构。如果当事人不明,或者当事人事实上不存在,诉讼就无法继续维持,法院只能驳回。另外,如果忽视这些情况,即使作出判决,由于没有接受判决效力的人,也就成为无效的判决。[②] 因此,确定当事

① [日]中村英郎:《新民事诉讼法讲义》,陈刚等译,法律出版社 2001 年版,第 152 页。

② 参见[日]兼子一、[日]竹下守夫:《民事诉讼法》,白绿铉译,法律出版社 1995 年版,第 29 页。

人是诉讼的首要任务之一，也是起诉的要件之一。确定当事人一般应基于诉状的记载。究竟何人起诉、何人被诉，只能从提起诉讼行为的内容来看，别无他法。[①] 因此，《行政诉讼法》第五十条规定："起诉应当向人民法院递交起诉状，并按照被告人数提出副本。书写起诉状确有困难的，可以口头起诉，由人民法院记入笔录，出具注明日期的书面凭证，并告知对方当事人。"在各方当事人中，原告在形式上的确定主要是依据起诉行为本身和所提交的诉状。《行政诉讼法》第四十九条第一项规定："提起诉讼应当符合下列条件：（一）原告是符合本法第二十五条规定的公民、法人或者其他组织……"最高人民法院《关于适用〈中华人民共和国行政诉讼法〉的解释》（以下简称《行政诉讼法适用解释》）第五十四条规定："依照行政诉讼法第四十九条的规定，公民、法人或者其他组织提起诉讼时应当提交以下起诉材料：（一）原告的身份证明材料以及有效联系方式……"被告在形式上的确定，一方面，要依据起诉状在内容上确定被告，例如，《行政诉讼法》第四十九条规定："提起诉讼应当符合下列条件：……（二）有明确的被告……"《行政诉讼法适用解释》第六十七条第一款进一步规定："原告提供被告的名称等信息足以使被告与其他行政机关相区别的，可以认定为行政诉讼法第四十九条第二项规定的'有明确的被告'。"第六十七条第二款规定："起诉状列写被告信息不足以认定明确的被告的，人民法院可以告知原告补正；原告

---

① 参见［日］兼子一、［日］竹下守夫：《民事诉讼法》，白绿铉译，法律出版社1995年版，第29页。

补正后仍不能确定明确的被告的，人民法院裁定不予立案。”另一方面，还需要通过向被告送达起诉状和应诉通知等，来最终将被告纳入原告所提之诉。《行政诉讼法》第六十七条第一款规定：“人民法院应当在立案之日起五日内，将起诉状副本发送被告。被告应当在收到起诉状副本之日起十五日内向人民法院提交作出行政行为的证据和所依据的规范性文件，并提出答辩状。人民法院应当在收到答辩状之日起五日内，将答辩状副本发送原告。”

（二）确定诉讼主张

在诉讼活动中，法官审理案件首先要确定的问题是审什么，接着才是如何审。审什么就涉及诉讼标的确定问题。“在给付诉讼，其诉讼标的为得请求被告为特定给付之法律上地位存在之权利主张；在确认之诉，其诉讼标的为原告于应受判决事项之声明所表示一定权利或法律关系存在或不存在之权利主张；在形成之诉，其诉讼标的乃原告得依裁判求为形成法律上地位存在之权利主张。”①由此可见，诉讼标的是一种基于实体法的权利主张，它决定了法院在整个诉讼过程中实体审理的对象以及最终的裁判对象。那么，我们为什么在这里要提出确定诉讼主张而不是诉讼标的呢？如前文所述，诉讼标的本质上是一个实体法问题，它与具体的权利保护规范及其相对规范相联系。在起诉阶段，要求一个不具有专业

① 王甲乙、杨建华、郑健才：《民事诉讼法新论》，台北，三民书局有限公司1981年版，第262页。

法律知识的原告明确一个实体法问题，显然是对当事人提出了过高的要求。对于当事人而言，在起诉阶段其所要做的，应当仅仅是向法院提出一个主张，这个主张应当包含请求及其所基于的事实。至于诉讼标的，则应当由法院和当事人在案件的审理过程中，通过当事人的诉讼主张加以确定。对此，罗森贝克在其《民事诉讼法教科书》中简述：诉讼标的之内容能由原告陈述的事实理由和诉之声明加以确认。事实理由和诉之声明两者均构成诉讼标的之重要要素。二者的关系，我们将其概括为，诉讼主张或者说诉讼请求是当事人向法院提出的具体的权益请求，而诉讼标的是当事人根据实体法的规定提出的较诉讼请求更为抽象的实体权利法律关系主张或声明。离开了诉讼标的，当事人便不能凭空向法院提出任何具体的权益主张或诉讼请求，法院则通过诉讼主张或请求去把握隐藏在其背后的诉讼标的。正因诉讼主张对于构建一个诉讼活动是必要的，所以《行政诉讼法》第四十九条规定："提起诉讼应当符合下列条件：……（三）有具体的诉讼请求和事实根据……"这里的"有具体的诉讼请求"，根据《行政诉讼法适用解释》第六十八条的规定："行政诉讼法第四十九条第三项规定的'有具体的诉讼请求'是指：（一）请求判决撤销或者变更行政行为；（二）请求判决行政机关履行特定法定职责或者给付义务；（三）请求判决确认行政行为违法；（四）请求判决确认行政行为无效；（五）请求判决行政机关予以赔偿或者补偿；（六）请求解决行政协议争议；（七）请求一并审查规章以下规范性文件；（八）请求一并解决相关民事争议；（九）其他诉讼请求。当事人单独或者一并提起行政赔偿、补偿诉讼的，应当有具体的赔偿、补偿事项以及数额；请求一并审查规章以下规范性文件的，应当提供明确的文件名称或者审查对象；请求一并解决相关民事争议的，应当有具体的民事诉讼请求。当事人未能正确表达诉讼请求的，人民法院应当要求其明确诉讼请求。”这里的“事实根据”，实际上是要求原告履行主观证明责任，证明其提起的诉讼形成了一个真实的而不是臆想的争议，防止起诉人基于十分轻率的目的提起诉讼。

（三）缴纳诉讼费

除上述内容外，《行政诉讼法》第一百零二条还规定：“人民法院审理行政案件，应当收取诉讼费用……”据此，案件为法院所接纳的另一个前提是当事人必须缴纳诉讼费。《行政诉讼法适用解释》第六十一条规定：“原告或者上诉人未按规定的期限预交案件受理费，又不提出缓交、减交、免交申请，或者提出申请未获批准的，按自动撤诉处理。在按撤诉处理后，原告或者上诉人在法定期限内再次起诉或者上诉，并依法解决诉讼费预交问题的，人民法院应予立案。”

二、诉讼要件

诉适法提起之后，就要审查当事人所提的这个“诉”是否具备作出实质性裁判的条件，也就是要对诉讼要件进行审查。具体来说，包含以下几个方面。

(一)有关法院的诉讼要件

对于法院而言,对特定案件拥有裁判权和管辖权是法院对案件审判的前提。没有裁判权和管辖权的法院不应当作出本案判决,因此,有无裁判权和管辖权是诉讼要件之一。在行政诉讼案件中,法院对行政争议的裁判权和管辖权取决于以下几个方面的因素:

1. 裁判权。裁判权是指不同的纠纷解决机关之间在案件处理权限上的划分。影响法院裁判权的事项通常有三个:

一是受案范围。行政诉讼受案范围解决的是哪些行政案件可以向法院起诉并由法院审查的问题。对于行政管理相对人而言,受案范围意味着其权利属于司法保护的范围,在该范围内,相对人可以向法院提起行政诉讼;对于行政机关而言,受案范围意味着行政权受到司法权制约的范围,在该范围内,行政机关的行政行为应该接受司法监督;对于法院而言,受案范围意味着法院受理行政诉讼案件的范围,在该范围内,法院可以应相对人的请求而对行政行为进行司法审查。由此可见,行政诉讼受案范围涉及行政管理相对人、行政机关和法院三方的关系,体现了个人权利与行政权力的关系,也体现了司法权与行政权的关系,它是决定法院对特定行政争议是否具有裁判权的重要因素。

目前,我国《行政诉讼法》第十二条以列举加兜底的方式对行政诉讼受案范围进行了规定,具体列举内容本书不再重复,其核心要求是公民、法人或者其他组织认为行政机关侵犯

"人身权、财产权"等"合法权益"的，可以向人民法院提起行政诉讼，从而将行政诉讼的受案范围限定于法律所保护但受到行政机关侵害的"权利"和"权益"。前者是指法律规范明确规定的有名权利，如土地所有权、宅基地使用权、土地承包经营权等；后者则是指法律规范没有规定为某项权利或者不符合权利取得的实体或形式要件，但从法律规范的立法目的、原则和精神上可以确定应当受到法律保护的利益，如未取得土地使用权属证书，但合法使用集体土地的实际使用人对土地的使用利益等。这种规定方式将受案范围的判定与实体法的规定和解释相挂钩，如果被侵害的权益为法律规范旨在保护的对象，则其主体可以提起诉讼；反之，如果被侵害的权益并非立法所追求的目的或保护的目标，只是因国家公权力行使而在事实上形成了一定利益，即所谓的反射利益，那么该主体就不能以诉讼方式向国家主张这种法定利益的副产品并寻求法律救济。换句话说，公民的利益有很多种，但其中只有被法律规范认可的部分才能够成为诉权的基础，进而打开诉讼的大门。对此，耶林在《罗马法精神》中写道：并不是所有的利益都需要得到法律的保护，也不是所有的利益都能获得法律的保护。并不是所有保护利益的法律都能赋予利益人以主观意义上的权利，某一法律的或者是经济上的事实超出由法律或者由行为人或权利人原本的意愿规定的作用范围，而对第三人所产生的回溯力，即被称为反射作用。值得提及的是，1990 年施行的《行政诉讼法》第十一条对受案范围规定为"人身权、财产权"，没有后面的"等合法权益"。两相对比，我国

《行政诉讼法》的受案范围已经从保护“法定权利”进入了保护“法定利益”的阶段。

需要注意的是,并不是所有侵害“法定利益”的案件都适合由法院来审查和决定。有些领域需要政治判断;有些领域需要高度保密;有些领域技术性强,非专业人员不能胜任;有些情况非常紧急,需要便宜行事、灵活处理,法院的干预可能妨碍行政管理。尤其是考虑到中国目前的实际情况,司法机关解决纠纷的权威和能力有限,受案范围还不能设得太宽。[①] 因此,实践中行政诉讼所保护的权益范围远小于“法定权益”。例如,《行政诉讼法》虽然明确将“对征收、征用决定及其补偿决定不服的”列举为受案范围,但在2019年《土地管理法》修正之前,由于“公共利益”的概念和决策程序的不确定性,是否征收土地主要是国务院或者省级人民政府行使行政裁量权的结果,人民法院难以从法律规范角度对其合法性加以判断,因此,最高人民法院《关于适用〈中华人民共和国行政复议法〉第三十条第二款有关问题的答复》(〔2005〕行他字第23号)将征地决定解释为行政机关作出的最终裁决,从而将其排除在人民法院受案范围之外。

二是司法程序内部及其与其他纠纷解决程序之间的关系。诉权是法律赋予当事人的一种司法救济权利,其在当事人所提之诉具有适法性的情况下产生,在纠纷得到司法最终解决之后丧失。这意味着一个纠纷只能产生一个诉权,当事

① 参见何海波:《行政诉讼法》(第3版),法律出版社2022年版,第115页。

人不能就同一个诉权向不同的法院行使,也不能向同一法院反复行使,即同一诉权只能提起一次起诉,这一规定我们叫作诉讼系属。它是指根据起诉,诉讼成立并产生在特定法院审判特定当事人之间案件的状态。诉讼过程中,诉讼系属自起诉状送达被告时发生,因纠纷的解决而随诉权一并消灭,并转化为生效裁判的既判力,二者相继发生,互相配合,从时间和空间上防止当事人对同一诉讼标的进行重复诉讼,以实现司法资源合理配置和诉讼经济的目的。对此,《行政诉讼法适用解释》第六十九条规定:"有下列情形之一,已经立案的,应当裁定驳回起诉:……(六)重复起诉的;(七)撤回起诉后无正当理由再行起诉的……(九)诉讼标的已为生效裁判或者调解书所羁束的……"至于何为重复起诉,《行政诉讼法适用解释》第一百零六条规定:"当事人就已经提起诉讼的事项在诉讼过程中或者裁判生效后再次起诉,同时具有下列情形的,构成重复起诉:(一)后诉与前诉的当事人相同;(二)后诉与前诉的诉讼标的相同;(三)后诉与前诉的诉讼请求相同,或者后诉的诉讼请求被前诉裁判所包含。"

对于司法程序与其他纠纷解决程序之间的关系,一般都由法律规范作出明确规定。例如,《行政诉讼法》第四十四条规定:"对属于人民法院受案范围的行政案件,公民、法人或者其他组织可以先向行政机关申请复议,对复议决定不服的,再向人民法院提起诉讼;也可以直接向人民法院提起诉讼。法律、法规规定应当先向行政机关申请复议,对复议决定不服再向人民法院提起诉讼的,依照法律、法规的规定。"《行政诉讼法适用解释》第五十六条第一款规定:“法律、法规规定应当先申请复议,公民、法人或者其他组织未申请复议直接提起诉讼的,人民法院裁定不予立案。”第五十七条规定:“法律、法规未规定行政复议为提起行政诉讼必经程序,公民、法人或者其他组织既提起诉讼又申请行政复议的,由先立案的机关管辖;同时立案的,由公民、法人或者其他组织选择。公民、法人或者其他组织已经申请行政复议,在法定复议期间内又向人民法院提起诉讼的,人民法院裁定不予立案。”第五十八条规定:“法律、法规未规定行政复议为提起行政诉讼必经程序,公民、法人或者其他组织向复议机关申请行政复议后,又经复议机关同意撤回复议申请,在法定起诉期限内对原行政行为提起诉讼的,人民法院应当依法立案。”根据上述规定,在复议为法定前置程序以及复议机关已经立案审查的情况下,人民法院不接受公民、法人或者其他组织的起诉。此外,就诉讼程序之间而言,案件是否已经在别案中系属,从而妨碍作出本案判决,也是决定是否具备诉讼要件的常见因素,如《行政诉讼法适用解释》第六十九条规定,重复起诉或者诉讼标的已为生效裁判或者调解书所羁束且已经立案的,应当裁定驳回起诉。

三是起诉期限。《行政诉讼法》第四十六条规定:“公民、法人或者其他组织直接向人民法院提起诉讼的,应当自知道或者应当知道作出行政行为之日起六个月内提出。法律另有规定的除外。因不动产提起诉讼的案件自行政行为作出之日起超过二十年,其他案件自行政行为作出之日起超过五年提起诉讼的，人民法院不予受理。”《行政诉讼法适用解释》第六十五条规定：“公民、法人或者其他组织不知道行政机关作出的行政行为内容的，其起诉期限从知道或者应当知道该行政行为内容之日起计算，但最长不得超过行政诉讼法第四十六条第二款规定的起诉期限。”《行政诉讼法》第四十七条规定：“公民、法人或者其他组织申请行政机关履行保护其人身权、财产权等合法权益的法定职责，行政机关在接到申请之日起两个月内不履行的，公民、法人或者其他组织可以向人民法院提起诉讼。法律、法规对行政机关履行职责的期限另有规定的，从其规定。公民、法人或者其他组织在紧急情况下请求行政机关履行保护其人身权、财产权等合法权益的法定职责，行政机关不履行的，提起诉讼不受前款规定期限的限制。”《行政诉讼法适用解释》第六十六条规定：“公民、法人或者其他组织依照行政诉讼法第四十七条第一款的规定，对行政机关不履行法定职责提起诉讼的，应当在行政机关履行法定职责期限届满之日起六个月内提出。”第六十四条规定：“行政机关作出行政行为时，未告知公民、法人或者其他组织起诉期限的，起诉期限从公民、法人或者其他组织知道或者应当知道起诉期限之日起计算，但从知道或者应当知道行政行为内容之日起最长不得超过一年。复议决定未告知公民、法人或者其他组织起诉期限的，适用前款规定。”《行政诉讼法》第四十八条规定：“公民、法人或者其他组织因不可抗力或者其他不属于其自身的原因耽误起诉期限的，被耽误的时间不计算在起诉期限内。公民、法人或者其他组织因前款规定以外的其他特殊情况耽误起诉期限的，在障碍消除后十日内，可以申请延长期限，是否准许由人民法院决定。”根据上述规定，行政诉讼的起诉期限有一般起诉期限、特殊起诉期限和最长起诉期限三种情况。6个月的一般起诉期限适用于既知道行为又知道起诉期限的情形；1年的特殊起诉期限适用于知道行为但是不知道起诉期限的情形；最长起诉期限适用于不知道行政行为的情形。超过起诉期限提起诉讼的，人民法院一般不再受理。

2. 管辖权。管辖权是指可以受理特定行政争议的法院之间在案件受理权限上的划分。管辖权由级别管辖权和地域管辖权组成。关于级别管辖，《行政诉讼法》第十四条规定：“基层人民法院管辖第一审行政案件。”第十五条规定：“中级人民法院管辖下列第一审行政案件：（一）对国务院部门或者县级以上地方人民政府所作的行政行为提起诉讼的案件；（二）海关处理的案件；（三）本辖区内重大、复杂的案件；（四）其他法律规定由中级人民法院管辖的案件。”第十六条规定：“高级人民法院管辖本辖区内重大、复杂的第一审行政案件。”第十七条规定：“最高人民法院管辖全国范围内重大、复杂的第一审行政案件。”关于地域管辖，《行政诉讼法》第十八条规定：“行政案件由最初作出行政行为的行政机关所在地人民法院管辖。经复议的案件，也可以由复议机关所在地人民法院管辖。经最高人民法院批准，高级人民法院可以根据审判工作的实际情况，确定若干人民法院跨行政区域管辖行政案件。”第十九条规定：“对限制人身自由的行政强制措施不服提起的诉讼，由被告所在地或者原告所在地人民法院管辖。”《行政诉讼法适用解释》第八条规定：“行政诉讼法第十九条规定的‘原告所在地’，包括原告的户籍所在地、经常居住地和被限制人身自由地。对行政机关基于同一事实，既采取限制公民人身自由的行政强制措施，又采取其他行政强制措施或者行政处罚不服的，由被告所在地或者原告所在地的人民法院管辖。”《行政诉讼法》第二十条规定：“因不动产提起的行政诉讼，由不动产所在地人民法院管辖。”《行政诉讼法适用解释》第九条规定：“行政诉讼法第二十条规定的‘因不动产提起的行政诉讼’是指因行政行为导致不动产物权变动而提起的诉讼。不动产已登记的，以不动产登记簿记载的所在地为不动产所在地；不动产未登记的，以不动产实际所在地为不动产所在地。”《行政诉讼法》第二十一条规定：“两个以上人民法院都有管辖权的案件，原告可以选择其中一个人民法院提起诉讼。原告向两个以上有管辖权的人民法院提起诉讼的，由最先立案的人民法院管辖。”第二十二条规定：“人民法院发现受理的案件不属于本院管辖的，应当移送有管辖权的人民法院，受移送的人民法院应当受理。受移送的人民法院认为受移送的案件按照规定不属于本院管辖的，应当报请上级人民法院指定管辖，不得再自行移送。”

（二）有关当事人的诉讼要件

在诉的适法提起部分已经提到，当事人实际存在是诉讼成立的要件之一。但是，诉讼作为一项法律活动，并不是只要有人参加就可以展开，还要求参加诉讼的人能够成为诉讼主体,具有接受法院裁判的诉讼地位。这就要求参加诉讼的人要具备当事人能力、诉讼能力并且具有法律上的诉讼实施权。

1. 当事人能力和诉讼能力。如同法律行为需要当事人具备权利能力和行为能力一样,诉讼也需要当事人具有相应的当事人能力和诉讼能力。当事人能力是作为诉讼主体接受诉讼法上的效力所必要的诉讼法上的权利能力或者诉讼上的主体性。[①] 通俗地说,当事人能力就是权利能力在诉讼领域的具体化。没有当事人能力,法院就不能对其行使审判权,所以它是诉讼要件之一。一般来讲,具有权利能力的人也具有当事人能力。因此,具备民事权利能力的公民、法人和有明确代表人且能够以自己名义从事法律活动的非法人组织,都具有当事人能力。就行政诉讼而言,其在被告方面较为特殊,《行政诉讼法》第二十六条第一款规定:"公民、法人或者其他组织直接向人民法院提起诉讼的,作出行政行为的行政机关是被告。"从而确定了具有权利能力的被告应当是"行政机关",它包括各级人民政府及其组织部门,以及法律、法规、规章授权的组织。

诉讼能力是指当事人自己为诉讼行为所必要的诉讼法上的能力。当事人有权利能力,意味着其具有接受法院裁判的资格,而这与其能否实际参加诉讼还是两回事。当事人能力相当于民法上的行为能力,也可以称作诉讼行为能力。行政诉讼法对于诉讼能力没有特别的规定,一般均遵照民事诉讼

---

① 参见[日]兼子一、[日]竹下守夫:《民事诉讼法》,白绿铉译,法律出版社1995年版,第31页。

对行为能力包括欠缺行为能力时的代理等制度的规定。

2. 诉讼实施权。当事人能力和诉讼能力是诉讼参加人在任何诉讼活动中成为适格当事人的必要条件,但就具体的诉讼而言,还要求当事人是诉讼标的所涉实体法上具有权利义务的主体,方能亲自实施诉讼并承担诉讼的后果。可以说,实体法上的权利义务表现在诉讼程序中,就是当事人的诉讼实施权。它由两个核心概念构成:一是主观权利。作为法律赋予当事人救济自身权利的途径,诉讼的本质是当事人向司法机关主张自身权利的过程。行政诉讼要保护受到行政行为不利影响的相对人的合法权益,但是这种权益的保护范围不能无限扩大,以至于将诉讼不加限制地演变成为民众诉讼或者公益诉讼,因此,诉讼所保护的权利只能是属于原告自身的权利,即主观权利,除公益诉讼外,一般不得主张他人的权利。二是法定权利。从私权与公权的关系角度来看,公民、法人或其他组织的私人利益只有通过国家法律所提供的保护性规范才能与诉讼这样一种国家公权力的运作机制发生联系。从这个意义上讲,法定权利是诉讼的基石。因此,在诉讼中,原告主张的不但必须是自己的主观权利,这个主观权利在内容上还必须是法律明确赋予的权利或是根据现有法律规定可以当然推导出的某项法律上的利益,这种权利和利益构成原告诉讼主张的请求权基础,欠缺这种请求权基础,案件就没有形成实质争议,诉讼就没有必要展开。

将主观权利和法定权利两方面结合,便产生了诉讼实施权这一概念。它通过设定哪些人具有实施诉讼的权利,从而解决诉讼应当在哪些人之间展开的问题。根据前述理论,在诉讼中,凡是主张自己法定权利的人,也就是具有诉讼实施权的人。反之,如果当事人以自己名义主张他人权利,或是虽然主张自身权利但该权利不是法定权利,则不具有诉讼实施权。在这里,仅仅因为"主张"而取得的诉讼实施权被称为诉讼的诉讼实施权。它是当事人的主张与诉讼法相结合,因为诉讼法上的规定而取得的程序法上的诉讼实施权。如果当事人的这种主张具有实体法上的依据,其所取得的诉讼实施权就是一种完全的诉讼实施权,学理上称为实体的诉讼实施权,与诉讼的诉讼实施权不同,实体的诉讼实施权是因为实体法律规范而取得。二者的关系是:如果特定当事人经审查在诉讼的整个阶段都是适格的,那么他就具有完全的诉讼实施权。如果其仅是因为原告的起诉和相应的主张成为当事人,却没有实体法上的处分权,则会在起诉阶段或者实体审查阶段以变更当事人或法院驳回起诉的方式被剥夺诉讼实施权,退出诉讼。简言之,诉讼的诉讼实施权属于诉讼要件,是基于诉讼当事人主张相关权利属于其自身而具备的一种诉讼程序上展开相关活动的能力,属于诉的适法性范畴;实体的诉讼实施权属于本案要件,是指作为实体法上相关权利真正享有者所具有的对该权利处分或者接受处分的能力,是一种实体法上的能力,它属于诉的理由具备性范畴。

具体到我国,《行政诉讼法》第二条第一款规定:"公民、法人或者其他组织认为行政机关和行政机关工作人员的行政行为侵犯其合法权益,有权依照本法向人民法院提起诉讼。"

该款明确了原告可以基于诉讼法的规定而取得诉讼的诉讼实施权。第二十五条第一款规定:“行政行为的相对人以及其他与行政行为有利害关系的公民、法人或者其他组织,有权提起诉讼。”第四十九条规定:“提起诉讼应当符合下列条件:(一)原告是符合本法第二十五条规定的公民、法人或者其他组织……”从而进一步明确了原告的实体的诉讼实施权必须建立在“与行政行为有利害关系”这个实体法规范之上。就法院的审查而言,多数情况下,当事人是否具有实体的诉讼实施权是需要通过案件审理程序得出最终结论的,但是如果当事人主张的权利明显不具有请求权基础,以至于因此进入实体审查是荒谬或者不可接受的,则法院可以不必等待实体审查,而在诉讼审查阶段直接剥夺其诉讼实施权。例如,《行政诉讼法适用解释》第九十三条第二款规定:“人民法院经审理认为原告所请求履行的法定职责或者给付义务明显不属于行政机关权限范围的,可以裁定驳回起诉。”从这个角度讲,诉讼的诉讼实施权有可能包含对实体的诉讼实施权的实体判断。二者考察的都是权利,所谓的诉讼的诉讼实施权所对应的“主张权利”和实体的诉讼实施权所对应的“实体权利”本质上只是考察程度的不同。对此,有日本学者曾言:“诉讼要件和所谓诉讼的权利保护要件(本案要件)对案件内容的关系而言,只有是抽象、一般的还是具体、个别的差异,这只是程度的问题并不是本质的区别。”①

① [日]兼子一、[日]竹下守夫:《民事诉讼法》,白绿铉译,法律出版社 1995 年版,第 51 页。

此外,根据取得方式不同,诉讼实施权还可以分为主动的诉讼实施权和被动的诉讼实施权。前者指因主张自身权利受到损害,得以自身名义作为原告进行诉讼的能力;后者指经由原告主张,认为其对自身权利损害应当负担相应义务,而得以自身名义成为被告进行诉讼的能力。

(三)有关诉讼请求的诉讼要件

就当事人所提的诉讼请求而言,只有在该请求确实值得解决,并且对此作出裁判有利于解决当事人之间纠纷的情况下,法院才应当采纳该案件。这就要求当事人的请求从性质上要具有法院裁判的现实必要性,即诉讼利益。如果说,有关当事人的诉讼要件确定了案件对于当事人的利益,即主观利益,那么,此处所讲的利益,就是案件对于当事人的客观利益。这种客观利益从两个维度展开:一是当事人的权利可能受到了损害,二是所提诉讼对于救济这种权利损害而言是适当的。

1. 存在权利侵害的可能性。行政诉讼的目的在于保护公民的法定权利,而这种保护的合理性和必要性在于原告的主观权利确有可能受到了行政行为的不利影响。这包含以下几层意思:首先,必须是实体法规定的"权利"受到了侵害,对抽象的法律问题或者事实存在与否的主张,不能赋予起诉权;其次,在起诉阶段,这种不利影响达到"可能"存在的程度即可,至于是否确实造成侵害,是案件进入实体审查程序后需要查明的事实,那属于本案要件的范畴。

不同的诉讼类型对于可能造成侵害的证明角度不同:在

撤销诉讼中,损益性、负担性行政决定的相对人,其权利明显具有受到侵害的可能。因此,原告除证明诉讼实施权所需的自身权利基础外,只要证明一个不利处分的存在即可。然而,在撤销诉讼第三人的情况下,由于行政行为并没有直接针对其作出,因此其不但要证明有属于自己的权利存在,证明被诉行为的存在,而且要证明自身的权利确实可能受到了行政行为的不利影响;在给付诉讼中,原告首先必须证明其提出申请并遭到拒绝,如果原告尚未向被告提出申请,那么其是否会遭到拒绝并产生损害就处于不确定的状态。因此,《行政诉讼法适用解释》第九十三条第一款规定:"原告请求被告履行法定职责或者依法履行支付抚恤金、最低生活保障待遇或者社会保险待遇等给付义务,原告未先向行政机关提出申请的,人民法院裁定驳回起诉。"此外,即使是一个拒绝原告申请的不作为行为,虽然在表面上也使"相对人"受到了某种"不利",但由于其相关权益并非一定会因此受到损害,因而原告还需要证明他的某种合法权益因此存在受到侵害的可能,否则就会出现当事人无理地提出一项请求(如要求自然资源部门履行保护人身权的职责)被拒绝之后,还得为其提供诉权的荒唐局面。在确认之诉中,原告需要证明必须通过判决即时确认才能得到某种利益,即为了消除原告权利或者法律上地位现存的危险和不安,有必要对原告和被告之间权利关系是否存在作出判决,否则就会丧失确认利益。

2. 原告权利可以通过所提诉讼予以救济。原告的权利有受到侵害的可能,是其所提之诉进入法院审理的必要性因素。

然而,这种权利损害还必须有可能通过所提之诉得以有效救济,才能使这种抽象的诉的利益体现在具体的案件当中,诉讼的展开才能成为必要。如果即使原告所提诉讼请求得以实现,如撤销诉讼中被诉行政行为被撤销,或者给付诉讼中所提诉请得以满足,也不能够给原告带来任何实际利益,则原告与被诉行为之间的利害关系就无法通过所提之诉表现出来,或者说,就其所提的诉讼而言,其诉的利益就不复存在。此时,即使被诉行为存在违法性,原告的起诉也应当被裁定驳回。

3. 就权利救济而言,不存在其他更为直接的诉讼途径。所提诉讼对于救济权利损害而言是适当的,这不仅是指原告的权利可以通过所提诉讼予以救济,还包括比较而言,所提诉讼是能够最直接、最方便地救济原告权利的诉讼途径。例如,原告对补偿安置方案未予公告不服提起诉讼,其诉讼请求是要求确认不公告行为违法。但在判决要求征收部门履行公告职责仍有意义的情况下,其要求径行判决确认违法对其救济自身权利来说就不是最有效、最直接的救济途径。此时,人民法院可以依职权作出履责判决。类似的情形还有《行政诉讼法适用解释》第九十四条的规定:“公民、法人或者其他组织起诉请求撤销行政行为,人民法院经审查认为行政行为无效的,应当作出确认无效的判决。公民、法人或者其他组织起诉请求确认行政行为无效,人民法院审查认为行政行为不属于无效情形,经释明,原告请求撤销行政行为的,应当继续审理并依法作出相应判决;原告请求撤销行政行为但超过法定起诉期限的,裁定驳回起诉;原告拒绝变更诉讼请求的,判决驳回其诉讼请求。”

三、土地征收案件中的起诉与受理问题

(一)关于受案范围的几个问题

在受案范围问题上比较有争议的征地批复、征地补偿标准、征地补偿方案等几个相关问题,本书前几章已经作过分析,本章仅就《土地管理法》及其实施条例修改后关注度比较高的征地批准前相关行为和新法实施后的公告行为的可诉性进行分析。

1. 征地批准前相关行为的可诉性。2019 年修正后的《土地管理法》确定了征地报批前需履行的发布征收土地预公告、开展土地现状调查和社会稳定风险评估、拟定征地补偿安置方案并公告或听证、签订补偿安置协议、向省或国务院提出土地征收申请等五个程序,从而构建了一套“预征收制度”。这些征地批准前的准备行为是否属于受案范围,随着《土地管理法》的修改成为一个新问题。在上述行为中,土地现状调查、社会稳定风险评估、拟定征地补偿安置方案,这三个行为属于行政机关的内部行政行为,没有对外作出,不可能对被征收人权利义务关系产生直接影响,因而是不可诉的。需要重点分析的是发布征收土地预公告、发布征地补偿安置方案公告、签订补偿安置协议、土地征收申请这四个对外作出的行政行为的可诉性问题。其中,补偿安置协议的相关问题,本书将在第六章进行讨论,因此本章只讨论发布征收土地预公告、发布征地补偿安置方案公告和土地征收申请三个行为。

首先是征收土地预公告的可诉性。从内容上看，预公告涵盖了征收范围、征收目的、土地现状调查和社会稳定风险评估等事项。公告的目的在于告知拟征地事项、启动征前程序并听取被征地农村集体经济组织及其成员、村民委员会和其他利害关系人的意见。由于征收预公告本身并不直接对被征收人发生法律效力，所以一般来说其不是一个可诉的行政行为。但这里需要注意以下四点：

一是根据《土地管理法实施条例》第二十六条第二款的规定，自征收土地预公告发布之日起，任何单位和个人不得在拟征收范围内抢栽抢建；违反规定抢栽抢建的，对抢栽抢建部分不予补偿。据此，预公告客观上起到了对征收标的物进行固定，同时限制被征收范围内土地利用强度的效果，这一点可能会引发争议。但仔细分析不难发现，这种限制是作为行政法规的《土地管理法实施条例》的规定，而非公告本身所创设。也就是说，即使公告不载明“不得抢栽抢建”，限制土地利用强度的法律效果也一样存在。此外，由于这种限制最终影响的是补偿，即如果违反“不得抢栽抢建”的规定，那么法律后果是“对抢栽抢建部分不予补偿”，所以在产生争议的情况下，当事人可以直接就安置补偿行为而不是预公告本身寻求救济。

二是实践中很多地方层层加码，将“不得抢栽抢建”改为“不得进行栽种和建设”，从而超出相关规定的范围，加大了对土地利用强度的限制，增加了被征收人的负担。此时，超出法律规定而对被征收人加重的负担是由预征收公告创设的。

这一超出行政法规的规定，直接为被征收人设定了额外义务的行为，使预征收公告成为一个可诉的行政行为。

三是预公告行为不属于受案范围不等于不公告行为也不属于受案范围。由于预征收公告的内容涉及被征收人对征收行为的知情权、对土地现状调查和社会稳定风险评估的参与权等切身利益。如果预征收公告的内容不依法进行告知，被征收人很有可能无法确知自身财产是否属于被征收范围，将会有哪些财产得到补偿安置以及如何有效参与相关程序等。因此，土地征收预公告行为虽然并没有直接对被征收人的权利义务产生不利影响，但不公告行为有可能影响到被征收人参与征收程序的主观权利。并且，根据《土地管理法实施条例》第二十六条“需要征收土地，县级以上地方人民政府认为符合《土地管理法》第四十五条规定的，应当发布征收土地预公告，并开展拟征收土地现状调查和社会稳定风险评估。征收土地预公告应当包括征收范围、征收目的、开展土地现状调查的安排等内容。征收土地预公告应当采用有利于社会公众知晓的方式，在拟征收土地所在的乡（镇）和村、村民小组范围内发布，预公告时间不少于十个工作日”的规定，这种主观权利还是被《土地管理法实施条例》保护的法定权利。因此，如果被征收人以征收部门没有依法发布征收土地预公告，导致其未知晓征收土地预公告相关内容为由，要求有权机关履行公告职责，人民法院应当予以受理。但从诉的利益角度来讲，如果被征收人已经实际知晓相关内容，或者已经对补偿安置协议、补偿安置决定提起了复议或诉讼，则应当引导其一并解决相关争议。

四是预征收公告发布后又决定不进行征收的,应对公告期间因土地利用强度受限所造成的损失进行补偿。如前所述,根据《土地管理法实施条例》第二十六条第二款的规定,自征收土地预公告发布之日起,公告范围内土地的利用强度就会受到限制。这种限制虽然不是预征收公告本身所创设,但明显增加了拟被征收人的负担。在正常的征收程序中,被征收人此项损失可以在补偿安置环节得到弥补,但如果公告发布后决定不再进行征收,或者将特定区域划出征收范围,那么,该项损失就失去了通过补偿安置程序予以补偿的机会。在此情况下,应当允许原拟被征收的相对人就该损失要求征收部门进行补偿。需要注意的是,补偿的范围应当限于公告本身对土地利用强度限制造成的合法权益损失(包括依法进行的限制和超出法律规定幅度进行的限制),如果拟本征收人因个人原因对公告产生误解,超出公告范围做出放弃经营、栽种等行为而受有损失,或者无法证明损失必然存在,原则上都不属于补偿范围。

其次是补偿安置方案公告的可诉性。《土地管理法实施条例》第二十七条第二款规定:"征地补偿安置方案应当包括征收范围、土地现状、征收目的、补偿方式和标准、安置对象、安置方式、社会保障等内容。"第二十八条规定:"征地补偿安置方案拟定后,县级以上地方人民政府应当在拟征收土地所在的乡(镇)和村、村民小组范围内公告,公告时间不少于三十日。征地补偿安置公告应当同时载明办理补偿登记的方式和期限、异议反馈渠道等内容。多数被征地的农村集体经济组织成员认为拟定的征地补偿安置方案不符合法律、法规规定的，县级以上地方人民政府应当组织听证。”根据上述规定，补偿安置方案公告，主要是将补偿安置标准、办理补偿登记的方式等予以告知。这里公告的补偿安置标准是一种拟定的标准，尚需经过听取意见（听证）、修改并报有关部门批准，才能作为正式的补偿安置标准而存在。因此，单就征地补偿安置公告而言，其属于作出行政行为之前的过程性行为，不具有可诉性。

但是，与征收土地预公告一样，发布公告不具有可诉性，不代表不公告不具有可诉性。如果征地部门不履行公告职责，那么被征收人对征地标准的知情权、异议权以及相应的救济权都可能会因此到影响，这些权利事关被征地集体经济组织和个人能否依法获取补偿、安置的切身利益。因此，补偿安置方案的公告行为虽然没有直接对被征收人的权利义务产生影响，但是不公告的行为有可能影响其补偿安置利益的实现，从而具有可诉性。当然，与预公告行为的可诉性问题一样，在具体判断一个要求履行安置补偿公告职责或是确认未履行补偿安置方案公告行为违法的诉请是否应当被受理时，还应当综合考虑诉的利益问题。如果当事人事实上已经知晓补偿标准，其诉讼目的是解决补偿安置问题，则应当引导其在相关诉讼中一并解决相关争议。如果没有证据表明其通过其他途径知晓了公告内容，而知晓安置补偿安置标准事实上构成其救济自身权利的必经程序，则应当认定有关部门不履行公告法定职责的行为与被征收人具有法律上的利害关系,属于行政诉讼的受案范围。

2. 土地征收公告的可诉性。2019 年《土地管理法》修正之前,土地征收公告具备三个方面的功能:一是告知,即根据当时有效的《土地管理法实施条例》第二十五条的规定,将征地决定所确定的征收土地的用途、范围、面积以及征地补偿标准、农业人员安置办法和办理征地补偿的期限等告知被征收人;二是通知,即根据《征收土地公告办法》(已失效)第五条第四项以及第六条的规定,通知被征收人办理征地补偿登记的相关事宜;三是送达,即将征地决定送达被征收人,以使征地决定对外发生法律效力。2019 年《土地管理法》修正之后,随着预征收制度的建立,土地征收公告的"告知"和"通知"功能被土地征收预公告和补偿安置方案公告所取代,其发挥的作用主要是"送达"功能,也就是使征收行为正式发生法律效力。送达环节出现问题,影响的是征收决定的效力,当事人可以通过对征收决定以及以征收决定为法律要件的其他影响自身权利义务的行政行为提起诉讼,救济自身权利。这就意味着,在不超出征地决定范围的情况下,征收公告本身一般不会直接对被征收人的权利义务产生影响。除非土地征收公告的内容超出了征地批复,或是根本没有征地批复作为公告的依据,此时,土地征收公告就不仅是一个"送达"行为,而是直接为被征收人增加了义务负担,在性质上也就成为一个融行政决定与送达告知于一体的可诉的行政行为。

3. 土地"增减挂钩"项目中相关行为的可诉性。近年来,随着中共中央、国务院《关于积极发展现代农业扎实推进社会主义新农村建设的若干意见》①、原国土资源部《关于加强土地管理促进小城镇健康发展的通知》②（已失效）以及原国土资源部《城乡建设用地增减挂钩试点管理办法》③等一系列文件的出台，各地开展了大量新农村建设、土地整治及土地增减挂钩项目。在操作层面，这些工作往往以村委会议定或者村民代表大会自治程序等形成决议，对村民房屋进行拆除，补偿安置的方式也是由村委会与村民签订房屋拆迁补偿安置协议。此种类型的强制拆除或者补偿安置协议是否属于行政诉讼受案范围，逐渐成为司法实践中一个热点问题。

对这一问题的解决，要从了解耕地占补平衡和土地增减挂钩开始。对于"增减挂钩"的概念，《城乡建设用地增减挂钩试点管理办法》第二条规定："本办法所称城乡建设用地增减挂钩（以下简称挂钩）是指依据土地利用总体规划，将若干拟整理复垦为耕地的农村建设用地地块（即拆旧地块）和拟用于城镇建设的地块（即建新地块）等面积共同组成建新拆旧项目区（以下简称项目区），通过建新拆旧和土地整理复垦等措施，在保证项目区内各类土地面积平衡的基础上，最终实现增加耕地有效面积，提高耕地质量，节约集约利用建设用地，城乡用地布局更合理的目标。"对这一问题的理解，要结合《土地管理法》的相关规定。《土地管理法》第二十三条规

---

① 中发〔2007〕1号。
② 国土资发〔2000〕337号。
③ 国土资发〔2008〕138号。

定:“各级人民政府应当加强土地利用计划管理,实行建设用地总量控制。土地利用年度计划,根据国民经济和社会发展计划、国家产业政策、土地利用总体规划以及建设用地和土地利用的实际状况编制。土地利用年度计划应当对本法第六十三条规定的集体经营性建设用地作出合理安排。土地利用年度计划的编制审批程序与土地利用总体规划的编制审批程序相同,一经审批下达,必须严格执行。”第三十条第二款规定:“国家实行占用耕地补偿制度。非农业建设经批准占用耕地的,按照‘占多少,垦多少’的原则,由占用耕地的单位负责开垦与所占用耕地的数量和质量相当的耕地;没有条件开垦或者开垦的耕地不符合要求的,应当按照省、自治区、直辖市的规定缴纳耕地开垦费,专款用于开垦新的耕地。”同时,《土地管理法实施条例》第十条规定:“县级人民政府应当按照国土空间规划关于统筹布局农业、生态、城镇等功能空间的要求,制定土地整理方案,促进耕地保护和土地节约集约利用。县、乡(镇)人民政府应当组织农村集体经济组织,实施土地整理方案,对闲散地和废弃地有计划地整治、改造。土地整理新增耕地,可以用作建设所占用耕地的补充。鼓励社会主体依法参与土地整理。”《土地管理法》及其实施条例的上述规定明确了经批准建设占用的耕地,占用者必须补偿相应的耕地,即“占补平衡”。补偿耕地可以开垦新的耕地,也可以通过土地整理新增耕地,即“增减挂钩”。因此,土地“增减挂钩”是建设项目经批准后,落实耕地“占补平衡”的一个具体途径。实施“占补平衡”的前提,是符合土地利用年度计划,获得新增建设用地指标。2008 年出台的《城乡建设用地增减挂钩试点管理办法》在一定程度上突破了上述规定，该办法第六条第一款规定："挂钩试点通过下达城乡建设用地增减挂钩周转指标(以下简称挂钩周转指标)进行。挂钩周转指标专项用于控制项目区内建新地块的规模，同时作为拆旧地块整理复垦耕地面积的标准。不得作为年度新增建设用地计划指标使用。"第五条第三款规定："项目区内拆旧地块整理的耕地面积，大于建新占用的耕地的，可用于建设占用耕地占补平衡。"根据这一规定，挂钩周转指标是独立于国家下达的年度新增建设用地计划指标的，也就是说，在试行挂钩试点工作的地方，建设用地指标可以不来源于年度新增建设用地计划指标，而是来源于挂钩周转指标。为了审慎推进这一具有突破性的试点工作，该办法第十条第一款明确规定："挂钩试点工作必须经国土资源部批准，未经批准不得自行开展试点工作。"

根据上述制度规定，同时结合国务院《关于严格规范城乡建设用地增减挂钩试点切实做好农村土地整治工作的通知》(国发〔2010〕47 号)等有关规定，以下情形属于在"增减挂钩"工作中出现的需要关注的违法违规行为。

一是非试点地区在没有获得新增建设用地指标的情况下，通过"增减挂钩"擅自增加新增建设用地。如前文所述，根据《土地管理法》的规定，"增减挂钩"是建设项目经批准占用耕地后，实施"占补平衡"的一个具体途径，因此，实施"占补平衡"必须先获得新增建设用地指标。但是，有些地方擅自逆向操作,为了获得建设用地指标,擅自去农村拆房、并村,并将因此整理出来的耕地面积直接作为当地城镇新增建设用地指标,从而使实际使用的新增建设用地总规模大大突破了国家下达的年度计划指标。对此,国务院《关于严格规范城乡建设用地增减挂钩试点切实做好农村土地整治工作的通知》要求:“……坚决纠正少数地方突破土地利用年度计划控制、片面追求增加城镇建设用地指标等偏差……”要“坚决制止以各种名义擅自开展土地置换等行为。在推进农村新居建设和危房改造及小康示范村建设等工作中,凡涉及城乡建设用地调整使用的,必须纳入增减挂钩试点……严禁在试点之外,以各种名义开展城乡建设用地调整使用。严禁擅自开展建设用地置换、复垦土地周转等‘搭车’行为,防止违规扩大城镇建设用地规模。”

二是在试点地区未经审批擅自进行“增减挂钩”操作。根据《城乡建设用地增减挂钩试点管理办法》的规定,即便是在试点地区开展“增减挂钩”工作,也要对建新拆旧项目区实施规划和建新拆旧整体审批。换句话说,建新拆旧项目区经整体审批后方可实施,未经整体审批的项目区,不得使用挂钩周转指标,未纳入项目区、无挂钩周转指标的地块,不得改变土地用途,涉及农用地改变为新增建设用地的,应依法办理农用地转用手续和征地审批手续。

三是新建项目区突破挂钩周转指标。《城乡建设用地增减挂钩试点管理办法》第五条第二款规定:“项目区内建新地块总面积必须小于拆旧地块总面积,拆旧地块整理复垦耕地的数量、质量，应比建新占用耕地的数量有增加、质量有提高。”对此，国务院《关于严格规范城乡建设用地增减挂钩试点切实做好农村土地整治工作的通知》也明确要求“严禁突破挂钩周转指标……试点必须符合土地利用总体规划和土地整治规划，纳入土地利用年度计划。所在省（区、市）要严格按照国家下达的挂钩周转指标，组织审批和实施试点项目，严禁突破挂钩周转指标设立挂钩项目区，严禁项目区跨县级行政区域设置，严禁循环使用周转指标。各试点地区要对挂钩周转指标的下达、使用和归还实行全程监管，严格考核，确保增减挂钩试点严格控制在周转指标内”。

四是违背农民意愿，损害农民合法权益，强行整治土地。根据《城乡建设用地增减挂钩试点管理办法》第三条的规定，“增减挂钩”工作必须尊重群众意愿，维护集体和农户土地合法权益，要根据“依法、自愿、有偿、规范”的要求，探索集体建设用地流转，创新机制，促进挂钩试点工作。《城乡建设用地增减挂钩试点管理办法》第十七条第一款明确规定：“项目区选点布局应当举行听证、论证，充分吸收当地农民和公众意见，严禁违背农民意愿，大拆大建；项目区实施过程中，涉及农用地或建设用地调整、互换，要得到集体经济组织和农民确认。涉及集体土地征收的，要实行告知、听证和确认，对集体和农民妥善给予补偿和安置。”据此，在拆旧地区实行土地整理，必须尊重农民和集体经济组织的意愿，并对由此给农民造成的损失给予补偿，否则就是侵害农民合法权益的违法行为。对此，国务院《关于严格规范城乡建设用地增减挂钩试点切实做好农村土地整治工作的通知》明确要“举行听证、论证，充分听取当地农村基层组织和农民的意见。涉及土地调整互换使用的，未征得农村集体组织和农民同意，不得强行开展增减挂钩试点。必须按照明晰产权、维护权益的原则，合理分配土地调整使用中的增值收益。要明确受益主体，规范收益用途，确保所获土地增值收益及时全部返还农村，用于支持农业农村发展和改善农民生产生活条件，防止农村和农民利益受到侵害”。

凡是违反相关规定，属于上述情形之一的“增减挂钩”用地行为，受到侵害的农民和集体经济组织都可以依法申请司法救济。根据《城乡建设用地增减挂钩试点管理办法》第四条“国土资源部负责对全国挂钩试点工作的政策指导、规模调控和监督检查；试点省（区、市）省级国土资源部门负责辖区内试点工作的总体部署和组织管理；试点市、县国土资源部门负责本行政区域内试点工作的具体组织实施。挂钩试点工作应当由市、县人民政府组织协调，相关部门协同配合，共同推进”的规定，在试点地区，市、县国土资源部门是实施此项工作的行政主体，而在非试点地区，组织实施相关工作的行政机关为承担责任的行政主体。

4. 集体经济组织通过自治程序开展土地开发建设行为的可诉性。我国实行村民自治制度，在集体经济组织内部实行民主选举、民主决策、民主管理、民主监督，依法管理本村属于村农民集体所有的土地和其他财产，村民委员会是村民自我管理、自我教育、自我服务的基层群众性自治组织。依据现行行政法理论和行政诉讼法律的规定,村委会依据《村民委员会组织法》实施的自治行为不属于人民法院行政诉讼受案范围,人民法院无权对此类行为进行司法审查。因此,此类案件是否属于行政诉讼的受案范围,关键就在于如何判断集体土地上的开发建设行为是否属于"村民自治行为",对此,本书认为:

首先,要看用地项目是否属于可以依法行使自治权的范围。根据《土地管理法》的规定,除依法流转的集体经营性建设用地外,农村集体所有的建设用地只能用于乡镇企业、乡(镇)村公共设施和公益事业建设、农村村民住宅等三类乡(镇)村建设。其中,按照《乡镇企业法》的规定,乡镇企业必须是农村集体经济组织或者农民投资为主,在乡镇(包括所辖村)举办的承担支援农业义务的企业。如果是进行农村住宅建设,那么农村住宅用地只能分配给本村村民。法律严格禁止农民集体所有的土地以出让、转让或者出租的方式用于非农业建设。因此,以兴办"乡镇企业""乡(镇)村公共设施和公益事业建设"为名,非法占用、租用农民集体所有土地进行非农业建设,以新农村建设为名将建成的住宅出售给城镇居民,或者以出租形式将土地交给单位或个人搞房地产开发,都是违反法律禁止性规定的,这些行为显然超出了村民自治权的范围。

需要说明的是,2019 年修正后的《土地管理法》删去了原第四十三条关于"任何单位和个人进行建设,需要使用土地的,必须依法申请使用国有土地"的规定,为集体经营性建设用地入市预留了空间。与此同时,2019 年修正后的《土地管理法》第六十三条允许集体经营性建设用地在符合规划、依法登记,并经本集体经济组织 2/3 以上成员或者村民代表同意的条件下,通过出让、出租等方式交由集体经济组织以外的单位或者个人直接使用,结束了多年来集体建设用地不能与国有建设用地同权同价同等入市的二元制度壁垒,这使在集体经营性建设用地入市问题上,确实会呈现出真正法律意义上的"村民自治"模式。但即便是集体经营性建设用地,根据中共中央办公厅、国务院办公厅印发的《关于深化农村集体经营性建设用地入市试点工作的意见》,目前也还在试点阶段。在试点地区,集体经营性建设用地也主要是用于服务乡村建设和经济发展的重点产业和项目建设,一般不允许进行商品房开发,否则同样是超出村民自治范围的。

其次,要看用地方式是否符合相关规定。根据相关法律规定,如果是集体经济组织使用本集体土地,一般只涉及农用地转建设用地的问题,而不会涉及集体土地性质的改变。除此以外的其他任何单位和个人进行非农业建设需要使用土地的,必须依法申请使用国有土地或者依法取得集体经营性建设用地,而不得通过其他方式违法占用农村集体土地,尤其是不得自行与农村集体经济组织或个人签订协议将农用地和未利用地转为建设用地。这就意味着,集体经济组织以外的主体使用集体土地,除依法取得集体经营性建设用地外,必然要面对土地的变性问题。否则,新的用地主体就难以合法地使用土地,而只能通过"未批先征""以租代征""合村并居"等方式变相使用集体土地。

“未批先征”是一种较为低级的违法用地方式。根据法律规定，对集体土地的征收决定，一般以省级以上人民政府征地批复的形式表现出来，以市县级人民政府征地公告的方式进行送达，这就使征收行为具备了行政决定的形式和属性。但在通过村民自治形式开展的征收过程中，作为征收行为核心的征收决定虽然是以村民会议或村民代表会议的方式通过，但由于用地主体不是集体经济组织，所以其补偿问题必然要由政府等第三方实际用地主体来解决。其表现形式就是征收补偿安置方案的实际制作主体为政府有关部门或者其派出机构，或者有关部门的批准是“村民自治”产生的征收补偿安置方案生效的必要条件，甚至对外发布的征收补偿安置方案上还有政府相关部门的署名或印章。同时，与补偿安置方案的实际制作主体相对应，在补偿过程中，“村民自治”模式下的土地补偿主体一般都不是集体经济组织自身，而是由市、县人民政府及其自然资源主管部门负责组织支付。综观这一过程不难发现，一个所谓的“村民自治”行为，其补偿要由政府来决定，还要由政府来埋单，而政府的支出事实上又必须通过转让土地使用权的方式由第三方来解决，那么，该行为的“自治”性质无疑将会被打上大大的问号。当然，随着《土地管理法》的修改，土地预征收意义上的“未批先征”确实存在，但与我们此处所说的违法用地形式的“未批先征”的根本区别在于，前者在征收土地申请得到正式批准前不会实际占用集体土地，后者则不然。

“以租代征”的违法用地行为具有一定的隐蔽性，对此，国务院办公厅《关于严格执行有关农村集体建设用地法律和政策的通知》（国办发〔2007〕71号）明确指出：“近年来，一些地方出现了违反土地利用总体规划和土地利用年度计划，规避农用地转用和土地征收审批，通过出租（承租）、承包等‘以租代征’方式非法使用农民集体所有土地进行非农业项目建设的行为。对此，必须严格禁止，并予以严肃查处。国土资源管理部门要对‘以租代征’的违法违规问题进行全面清查，并严格依法依纪处理。严肃追究瞒案不报、压案不查的责任。严肃处理以罚代法、处罚不到位的行为。国家机关工作人员批准‘以租代征’占地建设的，要追究其非法批地的法律责任，涉嫌犯罪的要及时移送司法机关依法处理；应给予政纪处分的，依据《行政机关公务员处分条例》等规定办理。单位和个人擅自通过‘以租代征’占地建设的，要追究其非法占地的法律责任，涉嫌犯罪的要及时移送司法机关依法处理。对纠正、整改土地违法违规行为不力的地区和土地违法违规行为大量发生、造成严重后果的地区，实行问责制，由国家土地总督察责令限期整改，限期整改期间暂停该地区农用地转用和土地征收审批。”

“合村并居”相比较前两种方式，其可能存在的违法性更加隐蔽。它不是以占用、出租、承包等方式直接侵占农村土地，而是随着土地增减挂钩工作的开展，通过强制整理农村土地，取得增减挂钩指标，再利用该指标进行“合法的”土地开发利用活动变相侵占农村用地的行为。在判断此类行为时我们要注意，依照《土地管理法实施条例》的规定，土地整理新增的耕地面积只能折抵用于建设占用耕地的补偿，不得折抵为建设用地指标，扩大建设用地规模。

最后，还要考察在土地房屋的原使用人拒不交出房屋和土地的情况下，通过何种程序来实施强制拆除的问题。《土地管理法实施条例》第六十二条规定："违反土地管理法律、法规规定，阻挠国家建设征收土地的，由县级以上地方人民政府责令交出土地；拒不交出土地的，依法申请人民法院强制执行。"据此，在一个正规的征收行为中，土地及地上房屋的强制收回是由县级以上地方人民政府作出责令交出土地决定，经人民法院审查后，裁定准予强制执行的。在"村民自治"模式下，由于集体经济组织本身不具备强制执行的权力，申请法院强制执行又极有可能因欠缺相关手续而无法通过非诉执行审查，所以，通常情况下，其强拆行为要么是通过政府相关部门的层层委托，最终由专业的拆迁公司实施，要么是在政府有关部门的配合下一同实施。此类案件中常常会出现以维持秩序、现场指导等名义出现的政府有关部门的身影，而这些恰恰是政府部门参与或者主导征地行为的证据。

（二）关于起诉期限的几个问题

1. 起诉征地相关行为的起诉期限。根据《行政诉讼法》第四十六条以及《行政诉讼法适用解释》第六十四条、第六十五条的规定，利害关系人对征收土地的行为不服的，应当自知道征收行为之日起 6 个月内提起诉讼；征收单位未告知起诉期限的,起诉期限从利害关系人知道或者应当知道起诉期限之日起计算,但从知道或者应当知道征收行为内容之日起最长不得超过1年;利害关系人不知道征收行为的,其诉权的最长保护期限是20年。这里有两个需要注意的问题:

一是“自知道或者应当知道征收行为之日”应当如何确定。对此,原国务院法制办出台的《关于认定被征地农民“知道”征收土地决定有关问题的意见》(国法〔2014〕40号)中对此规定得较为细致,但遗憾的是,经过《土地管理法》的修改,土地征收程序已经发生了较大变化,尤其是很多补偿安置工作被置于征收土地公告发布之前,因此,该规定的内容应当根据2019年修正的《土地管理法》进行取舍:首先,征收土地公告有确定期限的,可以认定申请人自公告确定的期限届满之日起知道征收土地决定;征收土地公告没有确定期限的,可以认定申请人自公告张贴之日起满10个工作日起知道征收土地决定。其次,行政机关不能提供发布征收土地公告的证据,但是能够举证证明申请人在征收土地决定作出后有下列行为之一,经查证属实的,可以视为申请人自该行为发生之日起知道征收土地决定:(1)已经签订补偿安置协议的,自被征收人和利害关系人签订征收土地补偿协议之日起;(2)已经作出补偿安置决定的,自被征收人和利害关系人收到补偿安置决定之日起;(3)领取征收土地补偿款或者收到征收土地补偿款提存通知的,自被征收人和利害关系人领取征收土地补偿款或者收到征收土地补偿款的提存通知之日起;(4)已经签订房屋拆迁协议的,自被征收人和利害关系人签订房屋拆迁协议之日起；(5)被征收人和利害关系人通过行政复议、诉讼、政府信息公开、信访等其他途径知道征收土地决定主要内容，经查证属实的，可以认定申请人自有证据证明之日起知道征收土地决定。同时存在上述两种或者两种以上行为的，以最早可以认定知道征收土地决定的时间为准。

二是知道征收行为与知道征收行为违法时间不一致，应当以哪一个为准？实践中，有的地方政府在征地批复作出前，即对集体土地实施征收。被征收人和利害关系人事后通过申请政府信息公开或者另案诉讼等方式，才知道该行为存在“未批先征”的违法情形，此时，其针对征地行为提起诉讼，应以知道土地被实际征收之时开始计算起诉期限，还是以其知道征地行为违法之时起计算起诉期限？有观点认为，依照相关法律规定，当事人只要知道或者应当知道行政行为作出且对其权利义务产生了影响，即可提起诉讼，并未要求其知道该行政行为违法时才可以起诉，故应以知道征地行为的内容时开始计算起诉期限。但也有观点认为，当事人提起诉讼的前提是“认为行政机关侵犯其人身权、财产权等合法权益”，也就是主观权利受到损害，否则在起诉条件都不具备的情况下就开始计算起诉期限是不合理的，应当参考民事诉讼对诉讼时效的规定，自当事人知道或应当知道权利被侵害之日起算起诉期限。

本书认为，行政诉讼法设立起诉期限的目的在于在保障权利救济的前提下，通过适时剥离行政行为的可诉性以达到维护行政行为稳定性的目的，从而提高行政机关执法效率，维护行政管理秩序的稳定。如果允许相对人任何时候都可以对行政行为提起救济,势必使行政行为一直处于被质疑和否定的状态,这既影响了行政效率,又会给行政管理秩序带来混乱。民事实体法中规定的诉讼时效,其目的在于经过法定期间使原权利人丧失权利,使长期存在的事实状态合法化,从而有利于经济秩序和法律秩序的稳定。二者都旨在平衡权利救济与法律秩序,但行政诉讼中的起诉期限着眼于行政行为的稳定,民事诉讼中的诉讼时效则着眼于权利人诉权的消灭,这种不同就体现于二者的起算时间不同:行政诉讼的起诉期限从相对人知道或应当知道具体行政行为之日起计算,其采取的是客观行为的标准,强调"行为";诉讼时效的起算时间则从当事人知道或应当知道权利被侵害之日起,以当事人主观感知权利被侵害为标准,强调"权利"。以此观之,在知道征收行为与知道征收行为违法时间不一致的情况下,应当以知道征收行为的时间为计算起诉期限的时点。否则,由于被征收人和利害关系人知道征收行为违法的时间不确定,就会使征收行为的效力事实上处于不确定的状态,从而与起诉期限设立的初衷明显不符。

2. 起诉不履行补偿安置职责行为的起诉期限。对于不作为行为的起诉期限问题,《行政诉讼法》第四十七条第一款规定:"公民、法人或者其他组织申请行政机关履行保护其人身权、财产权等合法权益的法定职责,行政机关在接到申请之日起两个月内不履行的,公民、法人或者其他组织可以向人民法院提起诉讼。法律、法规对行政机关履行职责的期限另有规定的，从其规定。”该款规定了针对依申请的不作为行为起诉期限的起点，但没有规定终点。为此，《行政诉讼法适用解释》第六十六条规定：“公民、法人或者其他组织依照行政诉讼法第四十七条第一款的规定，对行政机关不履行法定职责提起诉讼的，应当在行政机关履行法定职责期限届满之日起六个月内提出。”该解释对起诉依申请不作为行为规定了6个月的期限，也就是设置了终点，但是，实践中对于依职权不作为如何适用该期限，以及6个月期限届满后是否可以通过重复申请使该期限事实上无限继续下去的问题，一直存有较大争议。一种意见认为，不作为状态的持续，说明相对人的权利期待没有得到满足，当事人的权利义务尚未改变，加之《行政诉讼法》也没有明确规定6个月期限届满后是否可以重复申请，故为充分保护相对人的权利，只要相对人要求行政机关履行职责，就不应当受到起诉期限的限制。另一种意见认为，虽然《行政诉讼法》没有明确规定6个月期限届满后是否可以重复申请，但是当事人不能因此怠于行使诉权，使行政法律关系长期处于不确定状态。因此，不作为类案件应当遵守《行政诉讼法》关于起诉期限的一般规定，即在没有告知诉权和起诉期限的情况下，相对人应当在行政机关履行期限届满后的1年内提起诉讼。还有一种意见认为，不作为类案件确实应当有起诉期限的限制，但应当区别于一般的行政行为，为充分保护相对人的应得利益，对于此类案件可以按照行政诉讼的最长起诉期限执行，即在行政机关履行期限届满后的5年或20年内提出。

对于该问题,本书认为,不作为行为在形式上可以分为明确拒绝型的不作为和不予答复或拖延答复型的不作为。前者在本质上虽然也是不作为,但由于有了拒绝这样一个明确的意思表示,当事人的权利义务就受到了确定的拘束。因此,就起诉期限的起算而言,此类行为与作为类的行政行为相同,应当适用行政诉讼法规定的一般起诉期限,即自知道或者应当知道拒绝的行政行为作出之日起 6 个月内提起诉讼;行政机关作出拒绝的行政行为时,未告知公民、法人或者其他组织起诉期限的,起诉期限从公民、法人或者其他组织知道或者应当知道起诉期限之日起计算,但从知道或者应当知道拒绝的行政行为内容之日起最长不得超过 1 年。

对于不予答复或拖延答复型的不作为,《行政诉讼法》第四十七条第一款规定:"公民、法人或者其他组织申请行政机关履行保护其人身权、财产权等合法权益的法定职责,行政机关在接到申请之日起两个月内不履行的,公民、法人或者其他组织可以向人民法院提起诉讼。法律、法规对行政机关履行职责的期限另有规定的,从其规定。"《行政诉讼法适用解释》第六十六条规定:"公民、法人或者其他组织依照行政诉讼法第四十七条第一款的规定,对行政机关不履行法定职责提起诉讼的,应当在行政机关履行法定职责期限届满之日起六个月内提出。"据此,对于依申请的行政行为,《行政诉讼法》和相关司法解释作出了较为明确的规定,即自行政机关接到当事人申请之日起,若其在法定履行职责期间内(没有明确的法定期间但是超过两个月)未履行,当事人应当在期满之日后的6个月内提起诉讼。但是,这里也产生了两个疑问:一是当事人是否可以在6个月期满后通过重新申请来启动新一轮的诉讼,从而规避6个月起诉期限的制约,使当事人的给付请求权事实上得以无限行使;二是依职权的不作为应当如何计算起诉期限。

对于第一个问题,本书认为,起诉期限设定的目的在于平衡当事人诉权保护与行政秩序稳定这两种价值,即在保护当事人诉权的前提下,让以行政行为为核心的社会秩序尽快稳定下来。在行政机关消极不作为的情况下,并不存在行政行为效力及其所影响的社会关系需要稳定或维护的问题,自然也就没有适用起诉期限的理论基础。从这个角度来讲,对于消极不作为的行为,认为当事人的起诉不受"起诉期限"的限制是有一定道理的。但是,在给付类的诉讼中,虽然并不存在一个需要维护其效力的行政行为,也不需要考虑以行政行为为核心的社会秩序的稳定,但相对人本身所拥有的请求权是否可以恒久存在是一个值得思考的问题。我们知道,起诉期限制度主要适用于形成之诉,即传统的撤销之诉、变更之诉,以及作为形成之诉变种的确认之诉,其作用在于限制形成权。在民事诉讼领域,限制撤销权等形成权行使的是不可变的除斥期间,这与行政诉讼中为申请撤销或者变更行政行为这样的形成权设定不可变期限的起诉期限在理论上是同质的,二者都不存在中止、中断的问题。那么,同为基于请求权的给付诉讼,民事诉讼领域对于请求权是否作出了限制呢?根据最高人民法院《关于审理民事案件适用诉讼时效制度若干问题的规定》的相关规定，总体上看，民事诉讼对于债权请求权普遍适用诉讼时效，而对于物权请求权，除不动产和经过登记的动产行使返还请求权不受诉讼时效的限制外，即便是物上请求权，如果是未经登记的动产，也要受到诉讼时效的限制。反观补偿安置请求权，这种请求权是被征收人或者利害关系人在丧失土地所有权、使用权后取得的要求行政机关进行补偿，或者说进行对价给付的权利。这种权利不是一种对世权，只能向取得土地所有权的征收主体主张，而且主张的内容只能是给付补偿安置的行为，因此，其在性质上属于债权请求权，应当适用诉讼时效制度。

在行政诉讼中适用诉讼时效是与传统行政诉讼理论不太相符的主张。但本书认为，这种着眼于权利消灭的时效制度对于给付诉讼以及将来可能构建的一般确认之诉等新类型的诉讼都有极为重要的意义，应当成为行政诉讼体系中与着眼于行政行为可诉性的起诉期限制度并存的诉权保护制约机制。在我国台湾地区，因为过迟向法院起诉主张其权利，以致有悖诚实信用原则时，将造成“诉讼程序上权利失效”。此外，在德国行政诉讼的司法实践中也有类似的规定，其一般起诉期限为 1 个月，而对于不作为案件，起诉期限虽然在实质意义上是不必遵守的，在审判实践中却在事实上把 1 年作为确定法律保护需要之失效或者丧失的标准。[①] 也就是说，如果当事人长期不行使请求权，该请求权将被以起诉过于延迟，从而缺

① 参见［德］弗里德赫尔穆·胡芬：《行政诉讼法》，莫光华译，法律出版社 2003 年版，第 293 页。

乏法律保护必要而被判决驳回。由于“权利保护必要”的着眼点在于“权利”而不是其所针对的行政行为，故而，这可以视为在起诉期限制度框架下，参考请求权消灭时效制度的做法。

需要指出的是，在目前，由于行政诉讼制度在法律层面没有明确诉讼时效的适用问题，且理论上相当一部分人尚坚守“行政诉讼只能有起诉期限，而不能有诉讼时效”的理念，所以目前我们很难在实践中直接适用诉讼时效制度。在这一背景下，限制给付请求权可以考虑的途径是，借用行政诉讼法的最长起诉期限，以发挥限制相对人请求权无限行使的作用。具体来说，对于行政机关消极不作为的行为，相对人提出申请后，应当在行政机关履行法定职责期限届满之日起 6 个月内提出。但自行政机关履行职责期限届满之日起超过 5 年（一般行政行为）或者 20 年（涉及不动产的行政行为）的，人民法院不予受理。这里参考适用最长起诉期限而不是 1 年的特别起诉期限，主要是考虑到以下两方面因素：一是消极不作为情况下，不存在一个明确的拒绝行为，虽然我们在理论上可以根据履行职责的法定或合理期限确定一个行使诉权的起点，但这不能代替行政机关的教示义务，很难据此推定当事人对于行政机关的不作为行为事实上是确知或者是应当知道的；二是在缺乏法律明确规定的情况下，在现有法律框架内找到一个能够让相对人权益得到最大化保护的制度工具，在适当限制相对人请求权的同时，把期限利益尽可能地让渡给相对人，也是法的安定性的一般要求。因此，本书认为，在现有制度条件下，可以考虑适用行政诉讼法上的最长保护期限，以适当限制给付请求权的行使。以我国台湾地区为例,其“行政诉讼法”第一百零六条第二款规定:“第四条及第五条(给付之诉)之诉讼,自诉愿决定书送达后,已逾三年者,不得提起。”第四款规定:“不经诉愿程序即得提起第五条第一项之诉讼者,于应作为期间届满后,始得为之。但于期间届满后,已逾三年者,不得提起。”

对于第二个问题,也就是依职权的不作为,起诉期限应当如何计算的问题。《行政诉讼法适用解释》第九十三条第一款规定:“原告请求被告履行法定职责或者依法履行支付抚恤金、最低生活保障待遇或者社会保险待遇等给付义务,原告未先向行政机关提出申请的,人民法院裁定驳回起诉。”据此,即便是依职权的行为,如本章讨论的征收主体履行补偿安置职责的行为,利害关系人在向人民法院提起履责之诉前,也应当首先向行政机关提出履职申请,从而将依职权的履职行为事实上转化为依申请的履职行为。至于对依申请的履职行为不服,如何计算起诉期限的问题,前面已经讨论过了,此处不再赘述。

3. 不知道强制拆除行为主体情况下起诉期限的确定问题。根据前文所述,行政诉讼起诉期限的起算点是从相对人“知道”或者“应当知道”行政行为之日起计算的。一般情况下,行政机关作出行政行为时都有相应的程序、文书,如处罚决定、征收决定、确权决定以及相应的送达程序等。此时,行政机关完成法定送达程序,对于相对人而言,就属于“知道”或者“应当知道”行政行为的情形。但是,实践中,由于行政行为不规范,有些行为难以在形式上确定作出的主体,如土地征收过程中各类主体不明的强制拆除行为，其真正的实施主体既有可能是征收部门，也有可能是征收部门委托的其他行政主体，还有可能是村委会、居委会，甚至不排除个人和其他组织的介入。上述主体为了回避法律责任，有时不会主动表明身份，而“有明确的被告”以及“有具体的诉讼请求和事实依据”又是行政诉讼法规定的起诉要件，这就为相对人维护自身权益带来了一定的困难。此时，不知道行政行为的作出主体能否成为耽误起诉期限的正当事由，就取决于当事人对于被诉行为的主体是否“应当知道”。

最高人民法院《关于正确确定县级以上地方人民政府行政诉讼被告资格若干问题的规定》第三条第一款规定：“公民、法人或者其他组织对集体土地征收中强制拆除房屋等行为不服提起诉讼的，除有证据证明系县级以上地方人民政府具体实施外，人民法院应当根据行政诉讼法第二十六条第一款的规定，以作出强制拆除决定的行政机关为被告；没有强制拆除决定书的，以具体实施强制拆除等行为的行政机关为被告。”根据该规定，集体土地征收过程中强制拆除行为的被告确定分以下三类情况：一是有强制拆除决定的情况下，作出强制拆除决定的行政机关是被告；二是没有强制拆除决定的情况下，具体实施强制拆除等行为的行政机关是被告；三是不知道具体实施强制拆除行为主体的情况下，要根据有“证据证明”的“实施”情况来确定被告。其中，前两种情况，实际是对《行政诉讼法》第二十六条第一款确立的“谁行为谁被告”这一被告资格确定规则的明确。具体来说：如果行政机关有作出强制拆除决定的行为,那么作出该行为的行政机关就是被告;如果有关部门没有作出强制拆除决定,而是作出责令交出土地决定,那么应当以作出责令交出土地决定行为的行政机关为被告;如果没有作出强制拆除决定或者责令交出土地决定,在能够确定实施强制拆除行为的行政机关的情况下,即使该强拆主体并非房屋征收部门,也应当以具体实施强制拆除行为的行政主体为被告,具体实施强制拆除行为的行政机关系受房屋征收部门委托的,则应以房屋征收部门为被告。对于第三种情况,上述规定首先表明了最高人民法院对法律推定的排除态度,也就是在强拆主体不明的情况下,不能仅仅因为行政机关具有土地征收的法定职责就推定其是实施强制拆除行为的主体。但在此种情况下,允许根据有"证据证明"的"实施"情况来确定被告,这就表明该规定并不排除基于证据情况进行的事实推定。

事实推定是指依据经验法则,由已知事实(基础事实)得出待证事实(推定事实)的逻辑演绎过程。与法律推定不同,后者十分明确地要求事实裁判者把某个既定的要件事实视为已经被证明,即使实际上事实裁判者无法根据已有的事实从生活经验中获得对该要件事实的心证。[1] 因此,法律推定直接指向证明责任,它本质上是一种证明责任规则,可以导致证明责任的转移。事实推定则不然,由于其推论的有效性并不来自法律规定,而是来自经验法则,所以其指向的是证明评

---

① 参见[德]普维庭:《现代证明责任问题》,吴越译,法律出版社 2006 年版,第 74 页。

价，即据以推论的经验法则是否可以构成表见证明或是形成一般情势。如果符合，那么事实裁判者形成心证，进而才会引起证明责任的转移；如果不符合，那么由于事实裁判者无法形成心证，事实推定也就被宣告无效。由于心证形成与否的核心在于证明标准，而证明标准属于证明评价的范畴，所以，事实推定的本质是一种证明评价而非证明责任。

具体到本章讨论的被告的确定问题，该问题在起诉受理阶段只是一个起诉要件，相对于本案要件的审查来说，它是一个预备性问题，因此适用“优势证明标准”即可，[①]即只要能够确信待证事实存在的可能性大于不存在的可能性，就应当认定该推定成立。当然，推定只是一种对事实存在与否的盖然性判断，尚未达到法律真实的程度，因此，推定成立意味着证明责任的转移，而不是事实的证成，此时应当由另一方来进行反证，如果另一方当事人不能提供反证或者反证不成立，则推定的事实成立。在征收强制拆迁工作中，通常认为能够达到足以认定行为人程度的事实推定应当同时满足以下几个条件：一是被诉行政机关有实际参与强拆行为的动机。包括行政机关是征收工作的法定责任主体，正在依程序推进征收工作，或者其虽不是征收工作的法定责任主体，如乡镇人民政府或者街道办事处，但却是强拆行为的受益人。二是被诉行政机关有实际参与强拆行为的证明。如前文所述，此处的证明只需要达到优势证明标准即可，不要求达到本案要件审查所

---

① 参见阎巍：《行政诉讼证据规则原理与规范》，法律出版社 2019 年版，第258 页。

需要的明显优势证明标准。例如,强拆现场有相关行政机关工作人员的参与,或者非行政主体实施的强拆行为有相关行政主体“组织”或者“委托”实施强制拆除行为的证据等。

上述推定规则本身就是解决强制实施行为主体不明的情况下,被征收人“无人可告”僵局的有效手段,因此,在当事人能够根据相关事实推定行为人的情况下,就应当认为其属于“应当知道”行政行为主体的情形,也就不存在起诉期限的扣除和延长问题。但是,如果行为人没有留下任何有关主体信息的证据,根据上述推定规则亦不能够确定行为主体,那么,此时被诉行为的主体无法确定,当事人处在无法“知道”行政行为关键信息的状态,自然也就无法计算起诉期限。

(三)关于适格当事人的几个问题

1. 征地批复的适格原告问题。本书第一章提到,2019 年《土地管理法》修正将作为征收土地前提要件的公共利益的情形进行了规定和细化,为司法机关对征收行为是否符合公共利益作出判断,进而将征收决定置于司法审查之下,奠定了规范基础,从而使作为征地行为载体的征地批复行为的可诉性问题至少在理论上逐渐明朗。但随之而来的问题是,谁可以对此提起诉讼,是被征收土地的所有权利人和利害关系人,还是仅限于土地的所有权人而不包括集体土地的使用权人或者实际使用人。对此,本书认为,对于征地批复,应当允许由土地所有权人和作为用益物权人的使用权人提起诉讼,理由是:从权利保护的必要性来看,根据《土地管理法》的规定,集体土地从用途上分为农用地、建设用地和未利用地。经过改革,各类土地基本上都由集体经济组织所有的一元权利模式衍生出不同的用益物权。其中,农用地和未利用地衍生出土地承包经营权和经营权,建设用地则衍生出宅基地资格权(试点地区)、宅基地使用权、经营性建设用地使用权以及公益性建设用地使用权。此外,作为物权的流转方式,还存在以租赁等方式衍生出的各种债权,从而形成了集体土地所有权(自物权)—他物权—债权的权利体系。由于他物权和债权系由所有权衍生而来,是建立在所有物和所有权基础之上的权利,所以对于征收行为而言,所有权若得以保全,则他物权和债权也会得以保全,而若所有权灭失,他物权和债权也会受到一定的影响。所以总体来看,只要所有权人起诉征地批复,那么无论是对保护其他权利人来讲还是就审查征收决定的合法性而言,均已足够。反过来说,所有权指向对物的全面支配,因此,其救济只能通过挑战剥夺所有权的征地批复来实现,而他物权和债权指向的分别是使用价值、交换价值和给付行为,原所有权保留其固然可以得到保全,但即使原所有权灭失,其也可以通过物上代位、违约责任、赔偿损失等方式加以弥补。从诉的利益角度来看,对于并非以特定人为对象,而是面向社会,具有全面且广泛影响力的处分,应该允许由此而在事实上蒙受了最大不利的社会集团的一员来代表该集团的利益起诉。[①] 因为他们不仅因利益受损最大而最适合成为该处

① 参见[日]原田尚彦:《诉的利益》,石龙潭译,中国政法大学出版社 2014 年版,第 19 页。

分合法性审查的请求人，而且如果不允许其提起诉讼就难以实现他们的救济。

具体到征收行为中，由于征收针对的是所有权，其他权利变动都是因为所有权变动而产生的衍生品，从这个角度讲，应当首先保障所有权人对土地征收批复的救济权利。否则，无差别地保护各类使用权人甚至是债权人，会导致对征收行为提起诉讼的适格原告在范围和数量上非常庞大，以致对征地批复的起诉呈现近似于民众诉讼的状态，从而产生滥诉之弊。故而最高人民法院《关于审理涉及农村集体土地行政案件若干问题的规定》第三条规定："村民委员会或者农村集体经济组织对涉及农村集体土地的行政行为不起诉的，过半数的村民可以以集体经济组织名义提起诉讼。农村集体经济组织成员全部转为城镇居民后，对涉及农村集体土地的行政行为不服的，过半数的原集体经济组织成员可以提起诉讼。"

当然，给予所有权人优先保护，并不表示不允许其他利害关系人对征地批复提起诉讼，更不代表不给予其救济途径。对于他物权中基于集体经济组织成员身份而取得的土地承包经营权、宅基地资格权等权能，其权利保护已经为集体经济组织享有的救济权所涵盖。在集体经济组织不行使其救济权的情况下，应当允许上述权利人以及经营权人、宅基地使用权人、集体经营性建设用地使用权人等基于物权的市场流转而取得土地用益物权的主体，基于用益物权的物上请求权来保障自身权益。根据《民法典》的规定，用益物权是对他人所有的不动产或者动产享有的占有、使用和收益的权利。由于其权利内涵为占有和使用,所以用益物权具有排他的独占性。在土地或房屋上设定的用益物权显然与旨在取得所有权的征收行为是相冲突的,换句话说,用益物权人与征收行为也具有法律上的利害关系,只不过与所有权相比是居于第二位的权利。因此,在前述所有权人没有对征收决定提起诉讼的情况下,集体土地承包经营权人、经营权人,宅基地使用权人以及其他经依法登记的集体建设用地使用权人可以以自己的名义对省、自治区、直辖市人民政府的征收土地决定提起诉讼。

此外,除了用益物权,经营权和集体经营性建设用地使用权根据法律规定是可以设定抵押权的。因此,抵押权人作为物权主体的权益如何保护也是此处需要探讨的问题。抵押权作为一种担保物权,其设定的目的不是实现对抵押物的占有、使用或者收益,而是通过支配抵押物的交换价值以担保债权的实现。当抵押财产发生毁损、灭失或者被征收等变化时,相应的变形物和替代物都是抵押财产交换价值的延续,与原抵押物具有经济上的"同一性"。对此,《民法典》第三百九十条规定:"担保期间,担保财产毁损、灭失或者被征收等,担保物权人可以就获得的保险金、赔偿金或者补偿金等优先受偿。被担保债权的履行期限未届满的,也可以提存该保险金、赔偿金或者补偿金等。"因此,房屋征收和拆除行为实际上并不影响抵押权人优先受偿权的实现,对抵押权人产生影响的是替代土地、房屋经济价值的补偿款的支付行为。如果作为抵押物的土地和房屋已经获得补偿,那么抵押权自然移转至补偿金。也正是从这个角度讲,笔者认为,抵押权人与土地、房屋征收和拆除的行为没有直接利害关系。但是,如果因抵押人的过错或者过失导致抵押物没有能够获得补偿,那么显然就侵害到了抵押权人的利益。对此,抵押权人有两种救济方式:一是根据《民法典》第四百零八条的规定,要求抵押人停止其不当行为,或者提供与减少的价值相应的担保,同时,在抵押人拒绝停止减损抵押物价值也不提供担保的情况下,要求债务人提前清偿债务;二是直接向补偿款的给付义务人,也就是补偿安置机关主张权利。最高人民法院《关于适用〈中华人民共和国民法典〉有关担保制度的解释》第四十二条规定:"抵押权依法设立后,抵押财产毁损、灭失或者被征收等,抵押权人请求按照原抵押权的顺位就保险金、赔偿金或者补偿金等优先受偿的,人民法院应予支持。给付义务人已经向抵押人给付了保险金、赔偿金或者补偿金,抵押权人请求给付义务人向其给付保险金、赔偿金或者补偿金的,人民法院不予支持,但是给付义务人接到抵押权人要求向其给付的通知后仍然向抵押人给付的除外。抵押权人请求给付义务人向其给付保险金、赔偿金或者补偿金的,人民法院可以通知抵押人作为第三人参加诉讼。"根据上述规定,在集体土地或者地上房屋上依法设定抵押权的抵押权人在抵押人没有主张土地或者房屋补偿款的情况下,可以按照原抵押权的顺位以自己的名义提起诉讼,要求补偿安置机关支付(抵押权到期的情况下)或者提存(抵押权未到期的情况下)补偿金,但补偿安置机关已经向抵押人支付补偿金或者将补偿金提存的除外。到期抵押权的抵押权人通知补偿安置机关向其支付补偿金后,如果补偿安置机关仍然向抵押人支付补偿金，抵押权人仍然有权起诉要求补偿安置机关履行给付义务，对此，人民法院应当受理并予以支持。在诉讼程序上，抵押权人起诉要求补偿安置机关给付补偿金的诉讼中，人民法院应当通知抵押人作为第三人参加诉讼。

至于债权人，受到债权相对性的影响，一般只能向相对方主张违约责任或者损害补偿。特别情况下，如果相对方所得的补偿不足以涵盖债权人的损失，致使债权人无法通过主张债权获得补偿，其也可以直接向征收主体这个最终补偿主体主张补偿。其中，如果债务人有过错，还需要额外支付债权人实现债权的费用。

2. 征地批复作出后，原土地上利害关系人对行政机关后续作出的权证注销、土地出让等行为是否具有原告资格。对于该问题，司法实践中存在两种主要观点：一种观点认为，根据《民法典》第二百二十九条“因人民法院、仲裁机构的法律文书或者人民政府的征收决定等，导致物权设立、变更、转让或者消灭的，自法律文书或者征收决定等生效时发生效力”的规定，征收决定自作出及公告时起对外发生物权转移的法律效力，原集体土地权利人丧失集体土地所有权和使用权，同时取得征收补偿安置请求权。故自征收决定作出之日起，对原集体土地权利人产生实际影响的是土地征收及其补偿安置行为，其对该行为不服的，可依法申请复议、提起诉讼。至于行政机关如何处置已经征收为国有的土地，与原集体土地权利人已无利害关系，其不得就此提起诉讼。另一种观点认为，

《民法典》的规定不能单纯地理解为征地决定作出及公告送达时就生效,而应当理解为按照《土地管理法》及其实施条例的要求,完成包括进行安置、支付补偿在内的全部征收程序后,征收决定方能产生完整的物权转移的法律效力。因此,在完成补偿安置之前,即使征收文件已经下达,原权利人也仍然与后续权证注销、土地出让、颁证等行为具有法律上的利害关系,可以就此提起诉讼。

本书认为,上述两种观点都有合理之处,但也都存在一些不足。第一种观点无法解释2019年修正后的《土地管理法》关于地上房屋“先补偿后搬迁”规定的合理性,且对被征收人的合法权益保障不到位;第二种观点虽然就《土地管理法》“先补偿后搬迁”的规定进行了很好的解释,但是在解决行政行为依送达生效的一般理论与《民法典》第二百二十九条有关物权变动规定的关系时又难以自洽。本书认为,被征收人所拥有的原土地所有权和使用权转化为补偿安置请求权的过程,从法律属性上看就是由物权转化为债权的过程。为了保护补偿安置请求之债,《土地管理法》第四十八条第四款规定:“……对其中的农村村民住宅,应当按照先补偿后搬迁、居住条件有改善的原则,尊重农村村民意愿,采取重新安排宅基地建房、提供安置房或者货币补偿等方式给予公平、合理的补偿,并对因征收造成的搬迁、临时安置等费用予以补偿,保障农村村民居住的权利和合法的住房财产权益。”最高人民法院《关于审理涉及农村集体土地行政案件若干问题的规定》第十四条亦规定:“县级以上人民政府土地管理部门根据土地管理法实施条例第四十五条的规定，申请人民法院执行其作出的责令交出土地决定的，应当符合下列条件：……（三）被征收土地所有权人、使用人已经依法得到安置补偿或者无正当理由拒绝接受安置补偿，且拒不交出土地，已经影响到征收工作的正常进行……”根据上述规定，原土地权利人是否依法得到补偿安置（包括已经依法补偿安置但被征收人无正当理由拒绝接受的情形），是征收人能否要求被征收人实际交出土地，从而实现完整的土地所有权的要件之一。这种虽然土地被征收，土地所有权发生改变，但改变后的土地使用权在被征收人所享有的补偿安置之债消灭前，仍然掌握在被征收人手中，从而形成债权人持续占有债务人不动产直至债权圆满清偿的权利状态，显然符合不动产留置的情形。

虽然我国立法上并不承认不动产作为留置权的对象，但究其原因，主要是考虑到不动产留置所要实现的债权担保目的可以通过不动产抵押实现，后者不限制物的流转，可以更有效地发挥物各方面的价值，因此不存在设置不动产置权的必要性。那么，在集体土地征收没有建立抵押制度，没有为土地、不动产设立此类登记的情况下，借用留置这一理论工具分析相关法律问题就未尝不可。此外，我国虽奉行物权法定主义，但也并非“滴水不漏”：一方面，最高人民法院《关于适用〈中华人民共和国民法典〉有关担保制度的解释》第六十三条规定：“债权人与担保人订立担保合同，约定以法律、行政法规尚未规定可以担保的财产权利设立担保，当事人主张合同无效的，人民法院不予支持。当事人未在法定的登记机构依法进行登记，主张该担保具有物权效力的，人民法院不予支持。”这一规定意味着，除非当事人签订的担保合同违反法律、行政法规的强制性规定或者违背公序良俗，否则当事人不得以法律、行政法规尚未规定该财产权利可以用于提供担保或者未在法定登记机关办理登记为由，请求人民法院认定担保合同无效。也就是说，即使是法律没有明确纳入可担保范围的对象，也要承认其债权效力。至于当事人是否能够取得担保物权，关键看国家登记机关是否予以办理登记，此即非典型担保。实践需要是现有和将有非典型担保产生的根本推动力，国家意志则起到了一锤定音的重要作用。那么，以举轻明重的思维来考虑此处所探讨的问题，在国家颁布的《土地管理法》已经明确作出“先补偿后搬迁”规定的情况下，在事实上征收人因法律规定可以因同一征收法律关系合法占有已被征收的财产，并且在征收人全部清偿补偿安置债务前，事实上具有留置该财产权利的情况下，承认留置有何不可呢？另一方面，留置不动产的情况在现有法律制度中并非无迹可寻。在建设工程中，承包人为工程建设投入了人力、物力、财力，在发包人未按照约定支付工程款时，建设工程承包人通常会拒绝交付工程，并实际控制建筑物。对此，司法实践中通常以先履行抗辩权或者同时履行抗辩权为由予以支持。这种工程承揽合同中承揽人对工作成果的留置之所以没有以法律上留置权的形式出现，是因为《民法典》通过设定建设工程价款的优先受偿权实现了其所欲达到的功能。但即便如此，仍有观点认为该制度本质上就是留置权。[①] 那么,在土地征收领域没有价款优先受偿权等类似保障制度的情况下,承认事实上存在的留置制度就并不与司法实践相冲突。事实上,留置权在一些国家或者地区就是被认作当事人行使先履行抗辩权或者同时履行抗辩权的表现。

从留置这样一种担保物权的角度来看,只要其对物的占有可以对抗后续的所有权,那么征收人转移所有权的处分行为就不会影响其留置的权利,因而也就不需要禁止担保物的转移。因此,最高人民法院《关于适用〈中华人民共和国民法典〉有关担保制度的解释》第三十八条第二款规定:"担保财产被分割或者部分转让,担保物权人主张就分割或者转让后的担保财产行使担保物权的,人民法院应予支持,但是法律或者司法解释另有规定的除外。"该款规定在肯定担保物权效力的前提下,允许担保财产分割或者转让。但是,担保物权可以对抗后续物权的前提是登记制度的存在。即便是典型担保,如果没有进行登记,也是没有物权优先效力的。在征收领域,我们目前显然还无法通过登记制度来保障被征收人所享有的留置权,而在没有登记公示的情况下,第三人善意取得后续物权,尤其是所有权后,就可以凭借其物上请求权,通过主张排除妨害的方式要求被征收人让出其占有的房屋和土地,而这显然没有达到《土地管理法》设定"先补偿后搬迁"制度的目的。因此,目前情况下,由于对被征收人留置权保障制度

---

① 参见黄薇主编:《中华人民共和国民法典释义》(中),法律出版社 2020 年版,第 1484 页。

的不健全,只能通过禁止作为担保物的房屋土地在没有经过被征收人同意的情况下流转的方式来保障被征收人的合法权益。据此分析,在获得补偿安置之前,原土地房屋权利人与征收人实施的后续出让、颁证等处分土地使用权的行为显然具有利害关系,其可以作为原告提起诉讼。这种原告资格在2019年《土地管理法》修正前如果说还只是一种理论上的分析,那么在该法修正后,由于法律明确赋予了原土地权利人在未获得补偿安置情况下合法占有房屋和土地的权利,被征收人对此所享有的原告资格所需要的利害关系要件就变得十分清晰,司法机关不宜简单地从救济必要性等角度随意剥夺。

3. 村民起诉征收部门与村集体经济组织签订的补偿安置协议的原告资格。《村民委员会组织法》第八条第二款规定:“村民委员会依照法律规定,管理本村属于村农民集体所有的土地和其他财产……”《民法典》第二百六十条规定:“集体所有的不动产和动产包括:(一)法律规定属于集体所有的土地和森林、山岭、草原、荒地、滩涂;(二)集体所有的建筑物、生产设施、农田水利设施;(三)集体所有的教育、科学、文化、卫生、体育等设施;(四)集体所有的其他不动产和动产。”据此,村集体经济组织与征收部门签订的补偿安置协议在内容上可能涉及两类财产:一是农民集体所有的土地和其他财产;二是在集体经济组织范围内但属于村民或者农户个人所有的房屋、青苗等地上物和其他财产。

首先,如果集体经济组织或者村民委员会通过补偿安置协议方式对于第二类财产进行处分,那么构成无权处分。对于无权处分的合同,2012 年起施行的最高人民法院《关于审理买卖合同纠纷案件适用法律问题的解释》第三条第一款规定:“当事人一方以出卖人在缔约时对标的物没有所有权或者处分权为由主张合同无效的,人民法院不予支持。”从而在司法实践层面认可了当事人无处分权不影响合同效力。《民法典》颁布后,虽对此未作出明确规定,但全国人大常委会法制工作委员会民法室指出:“尽管在本条(《民法典》第五百九十七条)中没有明确出卖人处分他人之物所订立的合同是否为有效合同,实质上我们对此是持肯定态度的,主要理由有:第一,买卖当事人订立的合同只要不违反法律、行政法规的强制性规定以及不违背公序良俗,原则上均属有效,有利于交易的正常开展。第二,为保护善意买受人的利益,也应当认定处分他人之物所订立的合同有效,从而有利于交易的安全。从善意的受让人角度而言,认定合同有效,其可以追究相对人的违约责任,若不认定有效,则只能主张缔约过失责任,不符合公平原则。第三,司法实践中已普遍认为,处分他人之物所订立的合同原则上为有效,且行之有效,故立法不应当与实际情况相违背。第四,物权编第二百一十五条从另一侧面显示出卖人对标的物没有所有权或者处分权时所订立的合同,原则上从合同的成立时生效。第五,域外规定通常认为处分他人之物所订立的合同有效。”[①]据此,对于无权处分合同,合同当

① 中共中央宣传部宣传教育局、全国人大常委会法制工作委员会民法室、司法部普法与依法治理局编:《〈中华人民共和国民法典〉合同编学习读本》(上册),中国民主法制出版社 2021 年版,第 317 – 320 页。

事人尚不能请求确认其无效,作为合同相对人以外的村民当然就更无权请求确认其无效。

其次,如果集体经济组织或者村民委员会通过补偿安置协议方式对于第一类财产进行处分,其为有权处分。但是这个权利的行使必须符合《村民委员会组织法》第二十四条规定的法定条件,也就是要经过村民会议或者村民代表会议讨论决定。在符合法定条件的情况下,村民委员会或者集体经济组织签订的协议具有法律效力。如果不符合法定条件,或者经讨论作出的决定侵害村民合法权益,村民可以根据《村民委员会组织法》第三十六条第一款、第二款"村民委员会或者村民委员会成员作出的决定侵害村民合法权益的,受侵害的村民可以申请人民法院予以撤销,责任人依法承担法律责任。村民委员会不依照法律、法规的规定履行法定义务的,由乡、民族乡、镇的人民政府责令改正"规定的方式进行救济。对此,2022 年公布的《农村集体经济组织法(草案)》第六十二条第一款前半段也采取了类似的处理方式:"农村集体经济组织或者其负责人作出的决定侵害农村集体经济组织成员合法权益的,受侵害的农村集体经济组织成员可以请求人民法院予以撤销。"需要注意的是,两部法律都规定可以申请人民法院撤销的是村民委员会或者集体经济组织的决定,而不是根据该决定与第三方发生的民事法律关系。对此,该法律草案第六十二条第一款后半段规定:"但是,农村集体经济组织依据该决定与善意相对人形成的民事法律关系不受影响。"也就是说,决定的撤销与否,与依据该决定而与第三方发生的法律关系并无必然联系。第三方如果是善意的，那么法律关系有效，在履行过程中遇到的问题可以按照违约责任的方式处理。第三方如果是恶意的，那么依据《民法典》总则编第六章第三节的有关规定处理，可能构成无效，也可能构成可撤销。

那么，在上述两种情况下，如果村民合法权益受到侵害，其可以请求人民法院撤销补偿安置协议吗？这就要从民事法律行为关于负担行为和处分行为的分类说起。所谓负担行为，德国学者将之定义为："是指使一个人相对于另一个人（或另若干个人）承担为或不为一定行为义务的法律行为。负担行为的首要义务是确立某种给付义务，即产生某种'债务关系'。"[①]也有学者将它称为义务行为，其行为的法律后果是"义务的产生（或确认），是使所有的合同当事人承担一项给付义务"[②]。史尚宽先生认为，义务行为并不直接产生处分权利的结果，它只是产生处分的义务，表现为债权行为。[③] 也就是说，负担行为是义务人为自己设定义务的行为，从债权人的角度看，它产生债上的请求权。负担行为并不直接发生权利变更的法律后果，它仅在债权人和债务人之间依据意思自治的原则设定给付义务，产生债的请求权，因此，负担行为针对的是债权人和债务人之间的法律关系，而不是对物的法律

① ［德］卡尔·拉伦茨：《德国民法通论》（下册），王晓晔等译，法律出版社 2009 年版，第 435 页。

② ［德］迪特尔·施瓦布：《民法导论》，郑冲译，法律出版社 2006 年版，第 306 页。

③ 参见史尚宽：《民法总论》，中国政法大学出版社 2000 年版，第 320 页。

关系。处分行为则是指直接作用于某项现存权利的法律行为，如变更、转让某项权利，在某项权利上设定负担和取消某项权利等，处分的对象永远是一项权利或一项法律关系。[①]负担行为设立的负担义务只是对义务人利益的观念上的处分，不生权利变动效果，在义务人未为权利之处分行为之前，权利人仅享有要求义务人为给付行为的请求权，对义务人的财产没有任何支配权。处分行为是根据处分的合意（负担行为），通过具体的处分行为，实现权利变更的法律效果的行为。也就是说，一个涉及物权变动的行为，其过程可以划分为两个阶段，即债权行为（负担行为）和物权行为（处分行为）。

根据上述理论，征收部门与集体经济组织或者村委会签订的补偿安置协议仅仅是设立其双方之间权利义务的负担行为，是一种债权行为，并不会直接对村民依法享有的合法权益产生实际影响。这也就意味着，该行为与村民不具有直接的利害关系，其不能就此提起诉讼，要求人民法院撤销该行为。但是，不能起诉协议签订行为并不代表村民不能维护自身合法权益。在土地征收和补偿安置的实施阶段，如果村民委员会的决定被撤销，或者构成无权处分的情况，村民可以基于自身合法享有的物权，通过主张请求恢复原状、返还原物、排除妨碍以及要求依法给予补偿安置等方式维护自身合法权益。

---

① 参见[德]卡尔·拉伦茨：《德国民法通论》（下册），王晓晔等译，法律出版社 2009 年版，第 435 页。

第六章

行政契约理论与补偿安置协议

一、征收部门的强制要约义务与法律责任

(一)关于强制要约义务

《土地管理法》第四十七条第四款规定,县级以上地方人民政府应当组织有关部门与拟征收土地的所有权人、使用权人就补偿、安置等签订协议。据此,补偿安置协议的签订并不是征收人与被征收人之间进行的一个纯粹的合意过程,而是一种强制缔约行为。强制缔约是指依照法律、行政法规的规定,对特定主体施加的与他人缔结合同的义务,非有正当理由,该主体不得拒绝订立该合同。《民法典》第四百九十四条第一款对依国家订货任务、指令性任务订立合同的强制缔约合同作出了规定:"国家根据抢险救灾、疫情防控或者其他需要下达国家订货任务、指令性任务的,有关民事主体之间应当依照有关法律、行政法规规定的权利和义务订立合同。"在公法领域,强制缔约的适用范围显然不局限于"国家订货任务、指令性任务订立合同",但是二者在理论上具有相通之处:强制缔约虽然是对当事人的缔约自由加以限制,但由于契约成立的要件之一是当事人意思表示一致,强制缔约也必然如此。因此,强制缔约并不能替代合同订立的要约、承诺过程,仍然须由要约人向受要约人作出意思表示,在经过受要约人承诺后契约才告成立。故而,强制缔约包括强制要约和强制承诺。根据《民法典》的规定,前者是指"依照法律、行政法规的规定负有发出要约义务的当事人,应当及时发出合理的要约",后

者是指“依照法律、行政法规的规定负有作出承诺义务的当事人,不得拒绝对方合理的订立合同要求”。在强制要约的情形下,一方当事人必须向特定或不特定的主体发出及时合理的要约,一旦相对人作出承诺,合同即告成立。强制要约方不得随意撤销其要约,无正当理由也不得拒绝相对人的承诺。在强制承诺的情况下,对于要约方提出的订立合同的请求,除非有正当事由,否则受要约方也不得拒绝对方合理的订立合同的要求,后者比较典型的是供电、供水、供气以及电信合同等。本书所讨论的土地征收过程中土地征收部门发出的签订补偿安置协议的要约则属于典型的强制要约,即县级以上地方人民政府一旦启动土地征收程序,其作为法律、行政法规规定的法定要约义务主体,负有向被征收人发出签订补偿安置协议要约的义务。

(二)征收部门强制要约义务的具体内容

对于征收部门所承担的强制要约义务,需要注意以下几点:

首先,强制要约既排斥了要约自由,也排斥了当事人双方完全决定合同内容的自由。在民事领域,强制缔约制度主要适用于存在垄断行业的领域,如供水、供电、供气、电信、邮政以及医疗机构等,其目的在于保护弱势群体利益以及维护公共利益。因此,一般而言,通过强制缔约方式所形成的合同内容,有国家或行业标准的,依该标准确定;无此标准的,按合理标准确定。例如,电价、水价、公共交通的票价等都经由物价部门确定或核准。假如允许缔约义务人任意要价，对用户和消费者都不免过于苛刻，强制缔约制度的运行结果可能违背设立的初衷。[①] 同理，在土地征收领域，为了防止征收方压低地价，保护被征收人尤其是失地农民的利益，《土地管理法》第四十八条第三款规定："征收农用地的土地补偿费、安置补助费标准由省、自治区、直辖市通过制定公布区片综合地价确定……"第四十八条第四款规定："征收农用地以外的其他土地、地上附着物和青苗等的补偿标准，由省、自治区、直辖市制定……"这里，无论是农用地区片综合地价还是其他土地、地上附着物和青苗等的补偿标准都是通过规范性文件事先确定的，属于事前估价。显而易见的是，事前估价必须对每一块土地都估价，而且需要定期更新，因此行政成本较高；事后估价只要集中精力在被征收的土地上，且只需进行一次评估，因此行政成本较低。国家会选择成本较高的事前估价，原因就在于事前估价通常比较客观，因为在征收不一定会发生的情况下所进行的估价可以有效避免估价者高报或者低报的各种诱因。事后估价因为价格用途已经特定，存在估价者为了一己之私而扭曲价格的可能。总之，在补偿安置协议的缔约过程中，作为强制缔约的一部分，土地以及地上附着物的补偿标准一般是不能通过协商方式确定的。但是，补偿安置的具体方式（包括重新安排宅基地建房、选择安置房或者货币补偿等），征收造成的搬迁、临时安置等费用以及在有裁量余地情

① 参见崔建远：《强制缔约及其中国化》，载《社会科学战线》2006年第5期。

形下被安置人员和房屋面积、用途的认定等则不属于强制缔约的范围,可以由双方协商确定。

其次,强制要约义务要求征收部门必须与被征收人进行实质磋商。如前文所述,强制要约排斥了征收部门缔约与否的自由,也排斥了当事人双方就补偿安置标准进行磋商的自由。但是,强制要约并没有排除双方对于不属于强制缔约范围的事项进行协商的自由,更没有排除受要约方拒绝作出承诺的自由。相反,由于强制要约设立的立法目的在于保护合同相对方的利益,提升被征收人的法律地位,所以强制要约不仅意味着要约义务人必须向被要约人提出以订立合同为目的的要约,而且要就此进行实质磋商。从现行《土地管理法》的规定来看,国家取得集体土地所有权虽然都要经由征收程序,但并非都要通过强制方式实现,而是对于多数被征收人采取协议征收的方式,只对"个别确实难以达成协议的"被征收人采取作出补偿安置决定的方式实施强制征收。因此,在强制征收并非国家取得土地所有权唯一方法,而是最后不得已之手段的情况下,征收部门就必须在启动强制性征收之前穷尽法律上、经济上更为温和的方法,选择对土地所有权人和使用权人损害最少的方式为之。否则,如果协议程序徒具形式,不但浪费人力、物力、时间,而且立法者尽量避免启动强制性征收以降低民怨、减少对被征收人损害的目的也难以达成。简言之,若征收部门未以协商之精神允许被征收人充分表达自由意志,实质性地与被征收土地和地上附着物的所有权人、使用权人进行协商,既违反了《土地管理法》的规定,也属违反行政法上比例原则的行为。对此，我国台湾地区有不少判例作出了详细的论述。例如，我国台湾地区某法院 2013 年度判字第 371 号判决载明[①]："需用土地人于办理协议价购或以其他方式取得公共事业所需土地时，自应确实践行该条所规定协议之精神，不得徒以形式上开会协议，而无实质之协议内容。"又见 2018 年度判字第 2 号判决载明[②]："征收前之协议自属土地征收之合法要件。协议价购程序即系征收程序比例原则必要性之具体体现之制度，又协议程序既经法律明定为土地征收程序之一环，该需要用土地人所践行之协议价购程序至少应达到法律规定'协议价购或其他方式取得'事业用地目的之最基本要求，不得徒以形式上开会协议，而无实质之意义内容，始与正当法律程序无违。"

最后，如果土地征收部门违反强制要约义务，应当承担何种法律责任？如前文所述，作为征收行为的合法要件之一，征收部门没有履行缔约义务或是没有实质性地履行缔约义务，第一，会导致以强制缔约义务为合法要件的征收行为，也就是土地征收决定和补偿安置决定违法，人民法院可以以违反法定程序为由予以撤销。第二，不履行强制要约义务本身同时构成对《土地管理法》第四十七条第四款规定的强制要约义务和依法行政的重要原则——比例原则的违反，因此，不履行强制要约义务本身就是违法行为，被征收人可以诉请人民法

① 参见张永健：《土地征收与管制之补偿——理论与实务》，台北，元照出版有限公司 2020 年版，第 164 页。

② 参见张永健：《土地征收与管制之补偿——理论与实务》，台北，元照出版有限公司 2020 年版，第 166 页。

院判令征收部门履行要约义务,或是在履行要约义务已无实际意义的情况下请求确认该行为违法,并就由此产生的损害进行赔偿。第三,就损害赔偿的范围及其构成要件来看,我国《民法典》没有规定违反强制缔约义务的责任性质及承担方式。考虑到第四百九十四条规定于《民法典》合同编,而强制缔约义务是一种法定的先合同义务,因此,一方拒绝发出要约,可成立缔约过失责任。在民法上,由于缔约过失行为主要是对信赖利益造成损害,所以缔约过失责任也是以信赖利益为赔偿的基本范围。包括因信赖对方将要缔约,为缔约做各种准备工作并为此而支付的各种合理费用以及为支出上述各种费用所失去的利息。当然,这里的费用支出必须是合理的,包括该损失系因被拒绝要约而遭受的损失、要约义务人对此有过错以及两者存在因果关系三个构成要件。需要说明的是,强制要约对于征收部门来说,首先是一种行政责任,因此,在最终的处理方式上,应当优先考虑责令其承担行政责任,使其尽可能地与相对人实际缔约,从而实现行政部门履行法定职责和提供公共服务的要求,而非以金钱赔偿取代实际缔约行为。只有在征收部门未能履行要约义务给相对人造成损失且该损失无法因强制要约义务的履行而得到填补的情况下,才应考虑要约义务人应当承担的赔偿责任。

二、补偿安置协议的当事人

(一)补偿安置机关的确定:职权法定与委托

2021 年修订前的《土地管理法实施条例》规定,征收土地方案经依法批准后，由被征收土地所在地的市、县人民政府组织实施。同时规定，征地补偿安置方案报市、县人民政府批准后，由市、县人民政府土地行政主管部门组织实施。据此，在实践中，补偿安置工作多由土地行政管理部门负责。但被征地群众的补偿安置涉及财政、社保、规划、医疗、教育等多个部门，土地行政主管部门一家往往难以有效组织和应对。因此，2019 年修正后的《土地管理法》第四十七条将补偿安置工作的责任主体由土地管理部门变更为县级以上地方人民政府，这在加强了对被征收人补偿安置保障力度的同时，也解决了修法前土地征收组织实施主体和补偿安置主体不一致的问题，以及由此带来的补偿安置案件中被告资格混乱的问题。

然而，修正后的《土地管理法》第四十七条第四款规定："……县级以上地方人民政府应当组织有关部门测算并落实有关费用，保证足额到位，与拟征收土地的所有权人、使用权人就补偿、安置等签订协议……"《土地管理法实施条例》第二十九条第一款规定："县级以上地方人民政府根据法律、法规规定和听证会等情况确定征地补偿安置方案后，应当组织有关部门与拟征收土地的所有权人、使用权人签订征地补偿安置协议……"根据上述规定，县级以上地方人民政府虽然是补偿安置工作的主体，但其有权"组织""有关部门"实施签订补偿安置协议的工作。那么，这里的"组织"和"有关部门"应当分别作何理解呢？

首先来看这里的"组织"。《行政诉讼法》第二十六条第五款规定："行政机关委托的组织所作的行政行为，委托的行政机关是被告。”最高人民法院《关于审理行政协议案件若干问题的规定》（以下简称《行政协议若干规定》）第四条第二款规定：“因行政机关委托的组织订立的行政协议发生纠纷的，委托的行政机关是被告。”因此，将“组织”理解为委托或授权直接决定了因补偿安置协议发生争议时，相关诉讼中应当以谁为被告的问题。对此，本书认为：一方面，2019年修正的《土地管理法》将补偿安置工作的主体由作为政府组成部门的土地行政管理部门统一为县级以上地方人民政府，其目的就是加强对补偿安置工作的统筹领导。从这个角度讲，如果将此处的“组织”理解为法律授权，进而将补偿安置工作的主体在实践当中回落为县级以上地方人民政府的组成部门或者其他组织，显然是与立法宗旨不符的。从职权法定的角度来看，法律规范授予特定行政机关的行政职权，除非法律规范本身或者其制定主体另行许可，而且是明确的许可，否则不得再行授出，也就是说，不存在所谓的“间接授权”。例如，《国有土地上房屋征收与补偿条例》第四条第一款在规定“市、县级人民政府负责本行政区域的房屋征收与补偿工作”的同时，在该条第二款明确规定：“市、县级人民政府确定的房屋征收部门（以下称房屋征收部门）组织实施本行政区域的房屋征收与补偿工作。”该条款所指向的“房屋征收部门”就是典型的法律规范明确授权的主体，而《土地管理法》第四十七条第四款显然没有作出这样的规定。该条款中“与拟征收土地的所有权人、使用权人就补偿、安置等签订协议”的主语始终是“县级以上地方人民政府”，作为状语出现的“组织有关部门”

只能被理解为工作层面的安排、布置和落实，而不能被理解为一种法律意义上的“授权”。再者，从体系解释的角度来看，《土地管理法实施条例》第三十一条规定，征收土地申请经依法批准后，县级以上地方人民政府“对个别未达成征地补偿安置协议的应当作出征地补偿安置决定”。据此，应当由县级以上地方人民政府而不是其他部门作出补偿安置决定应该是没有疑义的。然而，在立法体系中，签订补偿安置协议与作出补偿安置决定是2019年《土地管理法》修正后规定的两种并列的补偿安置方式，二者都属于《土地管理法》规定的“由县级以上地方人民政府组织实施”的工作内容。既然如此，补偿安置协议与补偿安置决定的作出主体根据法律规定是一致的、唯一的，统一贯彻“谁征收，谁补偿”的理念，而不应该同为“由县级以上地方人民政府组织实施”的补偿安置工作，却出现两个不同的法律责任主体。

另一方面，《土地管理法》第四十七条第四款规定：“……县级以上地方人民政府应当组织有关部门测算并落实有关费用，保证足额到位……”《土地管理法实施条例》第三十二条第四款规定：“申请征收土地的县级以上地方人民政府应当及时落实土地补偿费、安置补助费、农村村民住宅以及其他地上附着物和青苗等的补偿费用、社会保障费用等，并保证足额到位，专款专用。有关费用未足额到位的，不得批准征收土地。”根据上述规定，落实补偿安置费用和社会保障费用是县级以上地方人民政府的法定职责，其政府组成部门或者乡镇人民政府既没有落实资金的职责，通常也缺乏支付补偿金以及安排社会保障的能力。签订协议的目的是对被征收人进行补偿安置,因此,协议的签订主体同时作为履行主体,应当与履行能力相匹配。从这个角度说,补偿安置协议的签订主体也只能是县级以上地方人民政府。实践中,在各地土地财政随着国家发展方略的改变而不同程度出现问题的情况下,即便是县级人民政府解决征地资金都会面临很大压力,更何况是其工作部门或者乡镇人民政府。事实证明,很多地区为了推卸责任而将补偿安置主体下调后,直接导致了一二十年都无法落实被征收人补偿安置的局面。因此,从确保补偿安置协议履行的角度看,应当根据法律规定,将其签订主体定位为县级以上人民政府,而不能单纯基于矛盾下放的考虑,置被征收人利益于不顾。

其次来看此处的“有关部门”。《土地管理法实施条例》第二十七条第一款规定:“县级以上地方人民政府应当依据社会稳定风险评估结果,结合土地现状调查情况,组织自然资源、财政、农业农村、人力资源和社会保障等有关部门拟定征地补偿安置方案。”从该条的规定以及“部门”一词的组织法含义来看,本章讨论的“有关部门”本意应当是指县级以上地方人民政府承担补偿安置工作职责的相关工作部门,如自然资源、财政、农业农村、人力资源和社会保障部门等。但实践中,与被征收人签订协议的,既有可能是县级以上地方人民政府的工作部门,也有可能是其下级政府,如乡(镇)人民政府、街道办事处,还有可能是不具有行政主体资格的内设机构或者其他组织,如临时设置的征地事务机构、土地储备中心、村委会、居委会等。对此,本书认为,这些主体在实践中承担了大量具体的征收工作，将其一概排除不利于征收工作的开展。加之相关行为的法律后果在不超出委托范围的情况下，最终会由县级以上人民政府承担，而对“有关部门”的理解无论在法律上还是实践中也都存在一定弹性，因此，可以适当扩展对“有关部门”的理解。但是，考虑到《土地管理法》之所以明确补偿安置协议的签订工作要由“县级以上地方人民政府”及“有关部门”来实施，意在通过确保补偿安置主体的行政性来保障此项工作的规范性和专业性。因而，无论对“有关部门”作何理解，它至少应当是一个具有行政主体资格的行政机关，或者是行政机关成立的具有补偿安置职责的内设机构，而不能是完全没有行政职权的其他社会组织，如拆迁公司、村委会等。这条底线对于保障从事补偿安置工作主体的基本素质及其所开展的补偿安置工作的规范性而言，都是必要的。

综上所述，县级以上地方人民政府的工作部门，或乡(镇)人民政府、街道办事处等下级行政机关以及相关部门成立的负责补偿安置工作的内设机构实施的签订补偿安置协议工作，在法律上应当视为委托。根据《行政协议若干规定》第四条第二款的规定，相关诉讼案件中，应当以负责征收工作的县级以上地方人民政府为被告。如果县级以上地方人民政府违反法律规定的底线，委托不具有任何行政职权的社会组织签订补偿安置协议，并由此给相对人带来损失，则应当承担相应的法律责任。此外，乡、镇政府或者街道办事处等部门没有得到县级以上人民政府委托，径行以自己名义签订安置补偿协议，且未得到追认的，根据《行政诉讼法》“谁行为，谁负责”

的原则,应当以签订协议的主体为被告。实践中,有的当事人为了提高法院的审级,坚持在第二种情形下以县级以上人民政府为被告,对此,应当按照最高人民法院《关于正确确定县级以上地方人民政府行政诉讼被告资格若干问题的规定》第七条"被诉行政行为不是县级以上地方人民政府作出,公民、法人或者其他组织以县级以上地方人民政府作为被告的,人民法院应当予以指导和释明,告知其向有管辖权的人民法院起诉;公民、法人或者其他组织经人民法院释明仍不变更的,人民法院可以裁定不予立案,也可以将案件移送有管辖权的人民法院"的规定处理。

(二)补偿安置相对人的确定:权利主体的推定与明确

1. 物权主体的推定。补偿安置协议的目的是对作为被征收人的物权人因征收丧失物权而进行补偿。因此,补偿安置协议的相对方应当是被征收财产的物权人。对此,《土地管理法》规定,县级以上地方人民政府应当组织有关部门与拟征收土地的所有权人、使用权人就补偿、安置等签订协议。但问题是,有的时候判断谁是物权人是一个比较复杂的问题。按照法律逻辑,权利处分仅在处分人为有权利之人时才允许发生。但倘若真是这样,会有碍权利交易与经济生活的运行。因为处分人每次都要去查明,他的交易对象是否真的是"权利人",这显然会带来巨大的有时甚至是无法克服的困难。故此,必须在法律上设定一个外部的标记,而这个标记就是物权公示。由此,物权公示方式与权利让与之间具有密切的关系。由于法律对法律行为引发的物权变动要求以一定的方式公示，这就意味着外部标记所反映的情况很大概率是真实的法律关系。假如在例外情形下，这种外部标记反映有误，则事态的发展就不应该不利于那些信赖外部标记的人。

至于物权公示的方法，要基于物权变动的法律属性。在物权法中，物权变动效力的产生具有双重结构：一是法律行为，如物权变动的合意；二是能为外部所认识的程序，如登记和交付。由于法律行为的物权变动与占有之转移以及登记的变更紧密联系，因此，占有状态、登记状态与实际权利关系相吻合的可能性极大。据此，一般而言，动产的占有人被推定享有该物之所有权，土地和房屋等不动产的登记者被推定在事实上为权利人。这种推定在权利人的认定程序，包括行政程序和诉讼程序中都发挥了证明责任的作用，①这就是我们通常所说的物权的公示。公示原则是指物权在变动时，必须通过一定的公示方法向社会公开，从而使第三人知道物权变动的情况。

公信原则是指一旦物权变动进行了公示，即使依公示方法表现出来的物权不存在或者存在瑕疵，对于信赖该物权存在的善意第三人，法律也依然承认其行为的效力。如前文所述，公示原则实际上为我们判断物权权利人设置了一个法律上的推定，除非有相反的证据，否则占有动产者和进行过登记的不动产者为物权人。公信原则使作为第三方的补偿安置机

① 参见[德]鲍尔、[德]施蒂尔纳：《德国物权法》，张双根译，法律出版社2006年版，第63页。

关可以依据占有和不动产登记等物权公示的情况，确定补偿安置对象并签订补偿安置协议。

具体到动产来说，占有的事实作为一种客观存在，具有外部可认知性，一般情况下，占有的状态已足以标示其权利关系，如我们去商店购买一部手机，出售该手机的商家被推定为手机的所有权人，因为他占有该手机。故而，《民法典》第二百零八条规定，动产物权的设立和转让，应当依照法律规定交付。据此，经交付而形成的占有状态就成为动产物权设立和转让的公示手段，人们可以依据交付后形成的占有状态推定动产的权利人。此项推定适用于基于所有权的自主占有，以及基于用益物权、质权的他主占有，而不适用于因行使某一债权而占有物的占有。换句话说，行政机关可以依据占有状态推定占有人享有所有权、用益物权或者质权之一种，但对于因行使某一债权（如租赁）而占有特定物的他主占有人来说，不存在一项关于其债权存在的相应推定，因为占有是动产物权的一种法定公示手段，债权不以占有为法定公示手段，也就欠缺推定的前提。此外，此项推定只适用于取得占有的同时取得物权情况下的权利推定（包括动产现实交付和拟制交付），而不适用于占有之前或之后主张取得物权的权利人，包括观念交付，以及因遗失、侵占等非基于前占有人意思而丧失占有物情况下权利人的判断。例如，甲把自己的一套农具交给乙保管，乙在诉讼中称甲在 3 年告诉自己用农具冲抵保管费，因此其拥有农具的所有权。在该案例中，如果乙能够拿出甲确实有用农具冲抵保管费的意思表示的证据，那么显然成立简易交付,乙取得农具的物权。但在仅有上述主张而无其他事实的情况下,由于乙在占有时未能取得所有权,所以其不能仅因为占有的状态而主张其为所有权人。究其原因,公示要素所承载的推定功能是以如下经验事实为基础,即权利被推定之人在获得公示要素时,一般也伴随着相应的物权取得事实,[①]如果该大前提不存在,则推定不成立。在简易交付、占有改定以及指示交付等观念交付的情形下,交付是依据意思表示而不是依据实际占有状态的改变而发生,此时,作为物权转移要件的交付与发挥物权推定作用的公示是相分离的。遗失、侵占等非基于前占有人意思而丧失占有物情况下,后续占有人对物的占有是基于特定的事实或者事件而非交付,其欠缺合意这一物权转移的重要法定要件,因此,无法据此推断出其合法拥有物权。对此,除非交易各方无异议或者经过登记,否则物权变动的效力如何,需要由专业的司法机关进行判断。

需要注意的是,作为占有公示原则的例外,为了进一步保护动产交易秩序,弥补交付和占有的公示手段在市场交易过程中公示力不足的问题,动产也出现了以登记为公示手段的情形,其包括:一是特殊动产的登记。根据《民法典》第二百二十五条的规定,船舶、航空器和机动车等的物权的设立、变更、转让和消灭,未经登记,不得对抗善意第三人。此处将登记作为对抗要件,意味着交付和占有仍是物权变动的生效要件和公示手段,在此基础上,通过登记进一步对外宣示已发生

① 张双根:《物权公示原则的理论构成——以制度正当性为重心》,载《法学》2019 年第 1 期。

的物权变动,进而发生对抗善意第三人的效力。二是动产抵押登记。为了满足不断增长的融资功能,实践中担保财产范围呈现不断扩张趋势,抵押权的客体逐渐从不动产扩及动产。由于抵押权不转移物的占有,其结果就是产生了以登记为公示方式的动产物权。《民法典》第四百零三条规定:"以动产抵押的,抵押权自抵押合同生效时设立;未经登记,不得对抗善意第三人。"三是非典型担保登记。最高人民法院《关于适用〈中华人民共和国民法典〉有关担保制度的解释》第六十三条规定:"债权人与担保人订立担保合同,约定以法律、行政法规尚未规定可以担保的财产权利设立担保,当事人主张合同无效的,人民法院不予支持。当事人未在法定的登记机构依法进行登记,主张该担保具有物权效力的,人民法院不予支持。"该条在明确了让与担保、所有权保留、融资租赁、保理等《民法典》未予明确规定的非典型担保合法性的同时,明确了以动产为标的的非典型担保物权的设立,必须以登记为生效要件。

在上述以登记为公示方式的动产中,除特殊动产登记外,根据《国务院关于实施动产和权利担保统一登记的决定》,登记簿不具有对外公示的效力,因此,也就不存在根据登记产生具有法律效力的某项物权存在的推定,这里的登记公示主要发挥警示、提醒的功能。至于特殊动产登记,虽然由于登记机关对登记事项进行有限实质审查,因而,可以根据登记推定一项物权的存在,或者根据注销登记推定一项物权不存在,但由于登记在这里发挥的仅仅是公示作用,而不能代替占有发挥物权变动要件的作用,因此,不能得出一项未经登记的特殊动产，其物权不存在的推定。

对于土地等不动产，一般情况下法律规定在取得人以所有权等物权人身份登入登记簿时才能取得相应的物权，即登记为不动产物权转移的生效要件，因此，登记簿记载的权利主体在法律上被推定为相应物权的权利人，而没有登记的主体则被推定为没有取得相应的物权。但是，由于登记并不总是不动产物权转移的生效要件，在登记为不动产转移的对抗要件以及非因法律行为发生物权变动而不必须登记的情况下，根据登记推定权利人只适用于已登记的权利存在和已经注销的权利不存在，而不能用于推定一项未登记的权利不存在。前者包括土地承包经营权、经营权、地役权，后者则包括经法院生效判决确定的物权、[①]国家所有的自然资源[②]、根据继承

① 《民法典》第二百二十九条规定：因人民法院、仲裁机构的法律文书或者人民政府的征收决定等，导致物权设立、变更、转让或者消灭的，自法律文书或者征收决定等生效时发生效力。此处需要注意的是，人民法院作出的法律文书包括判决、裁定、决定、调解书以及各种命令、通知等，其中判决又可以分为给付判决、确认判决和形成判决。应当注意的是，并非人民法院作出的所有法律文书都可以直接引起物权变动。一般认为，能够直接引起物权变动的法律文书限于法院作出的形成判决。所谓形成判决，是指变更或者消灭当事人之间原来存在的没有争议的民事法律关系的判决，如分割共有财产的判决。给付判决、确认判决以及各种命令、通知等，都不能直接引起物权变动。有学者认为，调解书虽然与确定判决有同一效力，但就物权变动事项所作的调解，尚无与形成判决同一的形成力，因此，不能直接引起物权变动。法院制作的裁定通常情况下也不能直接引起物权变动，从实务来看，能够直接引起物权变动的裁定主要是执行程序中对不动产和有登记的特定动产拍卖时所作的拍卖成交裁定和以物抵债裁定。

② 《民法典》第二百零九条第二款规定：依法属于国家所有的自然资源，所有权可以不登记。根据 2019 年出台的《自然资源统一确权登记暂行办法》的规定，我国正在逐步对各类自然资源进行统一确权登记，其中的一项重要内容就是对国家所有的自然资源进行确权登记。这一点与《民法典》第二百零九条关于依法属于国家所有的自然资源可以不登记的规定并不冲突，因为后者所讲的“可以不登记”，并没有排除此类财产权的登记能力。

取得的不动产物权[1]、因房屋建造等事实行为而取得的物权[2]等。这里需要注意的是,在非因法律行为发生的物权变动中,权利人如果仅是保有该权利而不进行处分,可以不办理登记,但是,如果权利人需要处分其权利,如转让或者设定抵押,则必须办理登记。因为,虽然权利人取得该项物权是基于非法律行为,但转让该权利则属于法律行为,权利人取得该权利时所具有的权利外观并不会随着权利的转让而移转至受让人,此时,为了保护可能受到权利转移行为影响的第三人的利益,登记公示就成为必要。对此,《民法典》第二百三十二条规定:“处分依照本节规定享有的不动产物权,依照法律规定需要办理登记的,未经登记,不发生物权效力。”经登记后的权利就可以适用登记为不动产生效要件的推定原则。

这里有一个较有争议的问题,就是借名买房的处分效力。对于借名买房的权利登记人是不是有权处分人,学术界存在一定争议。虽然无论名义权利人是不是有权处分人,其与购房人签订的合同均有效,但问题在于,如果将名义权利人视为有权处分人,则无论购房人是否支付对价,只要房屋办理了过户登记,其均取得房屋的物权;如果将其视为无权处分人,则购房人只有在符合善意取得,支付合理对价并办理房屋过户登记后,才能取得物权。对此,在各方存有争议的情况下,由于需要选择判断名义权利人是否为有权处分人,以及购房人

---

① 《民法典》第二百三十条规定:因继承取得物权的,自继承开始时发生效力。

② 《民法典》第二百三十一条规定:因合法建造、拆除房屋等事实行为设立或者消灭物权的,自事实行为成就时发生效力。

是否属于善意取得，所以同样不能简单地以权利登记情况确定权利人，而应当交由司法机关处理。

综上，在补偿安置对象为动产的情况下，一般动产可以依据占有状态确定权利人，但依据债权的占有、观念交付和非基于前占有人意思而丧失占有物的情况属于例外。特殊动产可以依据登记情况确定权利人，但纳入《动产和权利担保统一登记办法》的动产属于例外。在补偿安置对象为不动产的情况下，一般可以依据登记（包括权利证书）、法院生效判决、合法继承、合法房屋建造等外观确定权利人，但未经登记的土地承包经营权、经营权、地役权以及借名买房、违法的房屋建造、继承财产存在争议等情形属于例外。对此，由于补偿安置机关并非专业的确权机关，在签订补偿安置协议或者作出补偿安置决定时，其仅需对补偿对象的确定尽到审慎的注意义务。这里审慎的注意义务的含义，是指行政机关应当认真调查并根据调查取得的物权的权利外观确定权利人。同时，对存在上述例外情形的情况，以及其他权利外观不明确的情况，查明当事人及有关部门是否能够就权利归属形成一致意见，并在能够形成一致意见的情形下确定权利人。如果权利外观不明确，或者当事人之间无法就权利归属达成一致，则对权利人的判断就超出了补偿安置机关审慎注意义务的范围，一般应当首先通过有权机关确定权利人，再据此与权利人签订补偿安置协议。具体到诉讼程序，可以按照《行政诉讼法》第六十一条以及相关司法解释的规定，通过一并审理民事争议或者由其他部门先行处理的方式解决。

2. 农户的对内对外法律关系。《农村土地承包法》第三条规定:“国家实行农村土地承包经营制度。农村土地承包采取农村集体经济组织内部的家庭承包方式,不宜采取家庭承包方式的荒山、荒沟、荒丘、荒滩等农村土地,可以采取招标、拍卖、公开协商等方式承包。”《土地管理法》第六十二条第一款规定:“农村村民一户只能拥有一处宅基地,其宅基地的面积不得超过省、自治区、直辖市规定的标准。”据此,作为补偿安置重要内容之一的集体土地使用权的土地承包经营权和宅基地使用权的权利主体是农户。《民法典》将农村承包经营户规定在“自然人”一章,该法第五十五条规定:“农村集体经济组织的成员,依法取得农村土地承包经营权,从事家庭承包经营的,为农村承包经营户。”从而明确了农户的对外法律关系,但没有回应户内成员间的关系。在土地征收实践中,全部家庭成员作为签约主体存在较大的操作难度,且有的家庭成员不具备完全行为能力,因此往往是以户内的家庭成员作为代表人处分承包经营权、宅基地使用权的权益。这样一来,“户”对于成员权利的遮蔽就使成员的管理性权能被严重虚化,难以参与具体的决策,违反了权利自主原则。为化解以户赋权背景下户团体与成员个体之间的冲突与矛盾,不但需从对外法律地位,更需要从内部权利结构方面来明确农村承包经营户内成员权的结构特征。农户是由家庭成员组成的,单个成员与其他家庭成员及家庭整体的利益需求难以永远保持一致。如果不当地处置家庭成员的权利,会破坏家庭成员的生产积极性,导致社会财富积累的减少。此外,以扩权赋能为核心的集体产权制度改革的推进,也迫切需要农户内成员间的权利关系的明确。

本书认为,土地承包经营权和宅基地使用权是集体经济组织成员权的具体表现形式,因此,特定土地的承包人和宅基地使用权人实际上是家庭内部的全体集体经济组织成员。对此,《农村土地承包法》第五条第一款作出了明确规定:“农村集体经济组织成员有权依法承包由本集体经济组织发包的农村土地。”也就是说,作为集体经济组织成员的每个家庭成员都享有独立的承包资格,有承包农村土地的权利能力。然而,在具体行使该承包权或者宅基地使用权时,并不是由单个成员分别行使,而是由农户(家庭)作为全体成员的代表具体行使,家庭成员不具有行使土地承包权和宅基地使用权的行为能力。需要注意的是,农户(家庭)行使承包权或宅基地使用权时,并不能剥夺作为集体经济组织成员的家庭成员的权利。《农村土地承包法》第二十四条第二款规定:“土地承包经营权证或者林权证等证书应当将具有土地承包经营权的全部家庭成员列入。”第十六条第二款规定:“农户内家庭成员依法平等享有承包土地的各项权益。”据此,这种权利关系具有以下三个特点:一是组织体内部的成员因集体经济组织成员的身份而享有独立的权利能力;二是各成员之间通过以家庭为纽带的“户”相互连接而形成一个新的独立的法律主体,内部成员行权必须通过“户”这个法律主体;三是各成员对于基于“户”而所有的承包地或者宅基地平等地享有各项权益。根据《民法典》相关规定的精神,这种两个以上独立的民事主体,基于某种共同关系而对某项财产不分份额地共同享有权利并承担义务的法律关系,属于共同共有。当然,农户内家庭成员并不都是具有行为能力的主体,甚至不一定都是严格意义上的家庭成员,因此与一般的共同共有还存在一定的区别,故而可定性为准共同共有,并参照共同共有的规则处理家庭户成员之间的内部财产关系。

一般而言,共同共有人有平等的管理权利,对共有物的处分需要全体共同同意,否则构成无权处分。但是,土地承包经营权和宅基地使用权由家庭全体成员共同处分,不但在实践当中并不合理,而且不符合现实生活中的习惯做法。最高人民法院《关于审理涉及农村土地承包纠纷案件适用法律问题的解释》第四条规定:“农户成员为多人的,由其代表人进行诉讼。农户代表人按照下列情形确定:(一)土地承包经营权证等证书上记载的人;(二)未依法登记取得土地承包经营权证等证书的,为在承包合同上签名的人;(三)前两项规定的人死亡、丧失民事行为能力或者因其他原因无法进行诉讼的,为农户成员推选的人。”参照这一规定,农村户籍登记簿、土地承包经营权证、宅基地使用权证等证书上记载的户主等权利人,未依法取得权利证书但在承包合同上签名以及前述人员死亡、丧失民事行为能力或者因其他原因无法行使相关权利,农户成员推选的人所进行的处分,对全体家庭成员具有约束力,其处分行为有效。这种做法尊重了农村家庭生活的传统习惯,对内可以保障成员个体的利益表达,对外又能维持户的整体性和一致性。至于其他家庭成员处分的,本书认为,由于家庭内部成员之间的代表关系具有比较明确的参照性规定,所以不能因为土地承包经营权是以家庭为单位依法取得,家庭成员之间具有亲属关系等特殊性,就当然地认为所有家庭成员的处分行为都对全体有效,而是要具体分析其是否具有代表权,以及在没有代表权的情况下是否构成表见代理。

3. 债权人的法律地位。随着集体土地流转制度改革的不断深入,通过租赁方式取得集体土地或者地上房屋使用权的情形在实践中越来越多。承租人对于因征收而产生的土地房屋上改建、扩建、装修产生的添附物损失,因承租房屋开展经营活动产生的损失,或者强制拆除房屋行为造成的物品损失是否可以请求直接作为补偿安置对象,进而以自身名义与补偿安置部门签订补偿安置协议,已经成为一个较有争议的问题。对此,本书认为:

首先,承租人主张的其享有所有权的财产(如其机器设备、原材料等)因受损所致的损失,由于属于对物权的侵犯而导致的损失,所以该承租人可以作为补偿安置的对象,直接从补偿安置机关处取得相关补偿。

其次,承租人主张的因厂房改建、装修等产生的损失,一般情况下不宜支持其作为被征收人直接从征收人处取得相关补偿。具体理由如下:其一,根据租赁权的法律属性,承租人既不是被征收房屋的所有权人,也不享有类似公有房屋承租人的房屋使用权,租赁权不具有物权属性。作为债权人,其仅可以向债权的相对方,也就是出租人主张相关损失。其二,一般认为,在发生动产与不动产附合的情况下,除有特别约定,否则应当由不动产所有人取得附合物的所有权。在新的财产归不动产所有人所有以后，动产所有权发生消灭。动产所有人可以取得与其动产价值相当的补偿。改扩建房屋、装饰装修物与被征收土地房屋形成附合的情况下，应当由土地使用权人或者房屋所有权人取得相关所有权。其三，在房屋被征收的情况下，依据《民法典》及其相关规定，同时结合原《合同法》第九十四条规定的精神，房屋因不可抗力灭失时，出租人和承租人均可行使租赁合同解除权。解除租赁合同导致的承租房屋的装修损失等，根据合同相对性原理，承租人可向出租人主张，产生纠纷的可通过民事诉讼解决。从最高人民法院《关于审理城镇房屋租赁合同纠纷案件具体应用法律若干问题的解释》（法释〔2020〕17号）第九条"承租人经出租人同意装饰装修，合同解除时，双方对已形成附合的装饰装修物的处理没有约定的，人民法院按照下列情形分别处理……（四）因不可归责于双方的事由导致合同解除的，剩余租赁期内的装饰装修残值损失，由双方按照公平原则分担。法律另有规定的，适用其规定"，第十一条"承租人未经出租人同意装饰装修或者扩建发生的费用，由承租人负担。出租人请求承租人恢复原状或者赔偿损失的，人民法院应予支持"等规定来看，民事诉讼中不仅能够解决承租人与出租人之间关于装修补偿费用的分配问题，还会根据承租人提交的相关证据审查装修等相关损失的具体数额以及责任承担方式，承租人的合法权益可以得到充分的司法救济。其四，房屋的价值不仅包括房屋本身，而且包括作为添附的装修以及经营性附加值。实践中，就房屋的补偿，征收部门通常与房屋所有权人协商确定房屋补偿即可，其对房屋价值的评估通常也包括装饰装修和经营性损失的价值。如果要求将承租人也作为征收行为的相对人，并且将房屋本身的价值、装修改建价值以及经营性价值分别评估、分别谈判，势必大大增加行政成本，降低行政效率。基于以上原因，承租人的上述损失一般应按照合同相对性的原理，在出租人和承租人双方关系框架下处理。

但是，民事诉讼只能解决出租人和承租人二者之间的费用分配问题，而不可能解决征收部门对该部分损失是否进行了合理补偿的问题。即民事诉讼只能解决“分蛋糕”的问题，而不能解决“做蛋糕”的问题。因而，在征地补偿协议等证据能够证明征收部门未对涉案土地上改扩建房屋以及装修装饰、经营性损失依法予以补偿的情况下，承租人可以向作为最终补偿安置义务主体的征收部门直接主张补偿利益，这样有利于避免人为制造矛盾纠纷。

（三）无权处分人及其所签订合同的效力

所谓无权处分人，就是对归属于他人的财产没有进行处置的权利或者虽对财产拥有所有权，但由于在该财产上负有义务而对此不能进行自由处分的人。实践中，没有法律授权以及有权主体的委托，以自己名义与被征收人签订补偿安置协议的行政机关或者其他主体，以及没有合法拥有被征收财产物权而与征收部门签订补偿安置协议的主体都属于无权处分人。对于无权处分人订立的合同，根据原《合同法》的规定，在权利人追认前，因无权处分而订立的合同处于效力待定状态，在得到追认以前，买受人可以撤销该合同；在权利人追认后，合同将从订立合同时起就产生法律效力，任何一方当事人都可以请求对方履行合同义务。然而，《民法典》的出台对此进行了较大调整，该法第五百九十七条规定："因出卖人未取得处分权致使标的物所有权不能转移的，买受人可以解除合同并请求出卖人承担违约责任。法律、行政法规禁止或者限制转让的标的物，依照其规定。"该条没有保留出卖人出卖标的物时应当对标的物享有所有权或处分权之规定，也没有从正面强调出卖人要对标的物享有所有权或处分权，而仅仅是从反面规定出卖人未取得所有权或处分权致使标的物所有权不能转移时的法律后果，即无权处分人签订的合同并非无效，也不再是效力待定，而是有效。买受人享有的权利是出卖人无法履行时的合同解除权和违约责任请求权。这意味着：第一，处分他人的不动产或者动产订立的合同，当事人或者真正权利人仅以处分人在订立合同时对标的物没有所有权或者处分权为由主张合同无效的，不应予以支持。第二，无权处分人订立的合同被认定有效，除真正权利人事后同意或者让与人事后取得处分权外，无权处分合同的相对方请求无权处分人履行合同的，不应予以支持；无权处分合同的相对方主张解除合同并请求无权处分人赔偿损失的，应予以支持。第三，无权处分人订立的合同被认定有效后，其根据合同约定将财产交付相对方的，真正权利人请求认定财产权利未发生变动或者请求返还财产的，应予以支持，但是相对方依据《民法典》

第三百一十一条等取得财产权利的除外。法律之所以这样规定，是因为无权处分合同作为债权合同，属于负担行为而非处分行为，其只能使双方负担债权债务，而不能导致标的物权利的直接变化。换句话说，其不能为标的物的真实权利人设定负担，所以没有必要认定其无效，用合同解决双方的法律关系，似乎更有利于保障无权处分合同相对方的利益。对于真实权利人的保护，可通过行使物上请求权，并结合不当得利、侵权责任和善意取得制度来处理。

这里需要注意区别无权处分和无权代理行为，无权处分合同本身是有效的，只是处分行为效力待定，而无权代理行为除构成表见代理外，原则上属于效力待定。除此之外，在无权处分中，义务人以自己的名义从事行为，而在无权代理行为中，行为人一般以被代理人的名义从事行为。

三、预征补协议的法律效力

2019 年《土地管理法》修正后，征地补偿安置协议的签订时点从征地批准之后提前到征地报批之前，成为政府征收土地的前期准备工作。由于征地补偿安置协议签订时点在报批之前，而该协议的履行一般发生在征地批准之后，征地补偿安置协议在政府未获征地批准时的效力状态如何，引发了理论和实践中的争议。学者和实务工作者从现行法律框架和民事合同理论当中寻找不同的解释路径，形成了预约合同说[①]、批

① 参见李显冬、王晓娜、唐皓曦：《征地补偿合同审批前之法律效力辨》，载《国土资源情报》2020 年第 1 期。

准生效合同说[①]、效力待定说、附条件合同说、生效合同说等不同观点。上述观点都反映了预征地补偿安置协议(以下简称预征补协议)的一些特征,但仍亟待进一步检视。

(一)预征补协议效力的实务分歧与学理纷争

2019 年《土地管理法》修正后设置了预征补协议,但是并未就其效力作出明确规定,加之《土地管理法实施条例》为各省具体设定预征补协议的内容提供了制度空间,由此引发了司法、行政和学术领域对预征补协议效力认定的争议。

1. 预征补协议效力引发的实践争议。通过在中国裁判文书网检索相关案例,就预征补协议的效力,本书归纳出以下三种主要的司法实践观点:

第一种观点是效力待定说。这种观点认为签订预征补协议是征地批准前的预征收行为,在有审批权的人民政府同意征地前属效力待定,只有征地审批完成后,该协议才能发生法律效力。[②]

---

① 参见张启江、宋璐:《土地征收民主协商视域下的预征收补偿安置协议》,载《时代法学》2022 年第 5 期。

② 参见广东省高级人民法院(2013)粤高法行终字第 640 号行政判决书。需要说明的是,尽管此时《土地管理法》并未修正,但当时该案发生于征地制度改革试点地区,根据《广东省人民政府办公厅转发省国土资源厅关于深化征地制度改革意见的通知》(粤府办〔2007〕29 号,已失效)"……非公益性以及营利性建设项目用地,按以下程序办理。1. 项目在符合土地利用总体规划、城镇发展规划,落实农用地转用计划指标和耕地占补平衡措施,符合国家产业政策的前提下,遵循市场规则,由用地者与土地所有者(土地使用权人)直接协商,双方经协商同意后,签订征(用)地补偿协议,向政府申请办理转用、征收(用)、变更登记等手续"的规定,被告佛冈县人民政府在用地报批前可以先予签订征地补偿协议,与 2019 年修正的《土地管理法》规定的程序一致,因此,仍然具有参考价值。

第二种观点是附条件合同说。这种观点主要是基于预征补协议条款中所规定的生效条件而认定其为附条件合同，在条件未生效前，预征补协议处于未生效状态。①

第三种观点是生效合同说。这种观点认为虽然征收部门尚未取得征地批复，但并不影响其与拟被征收人商谈房屋搬迁事宜及签订预征补协议，且预征补协议的内容主要是针对房屋面积、补偿金额等事项进行的约定，该约定不需要经其他机关批准等程序方能生效，故不宜否定该协议效力。②

2. 合同示范文本关于预征补协议效力的不同约定。根据《土地管理法实施条例》第二十九条的规定，省级人民政府负责发布预征补协议示范文本。通过在各省级人民政府及自然资源部门网站上检索，截至2022年11月，全国共有5个省份正式出台了预征补协议的示范文本，1个省份发布了预征补协议示范文本的征求意见稿。其中4个省份示范文本的条款中约定了协议“经批准后生效”、“经征收土地公告发布之日起生效”或者“经依法批准并发布征收土地公告后生效”，1个省份规定了预征补协议自签字盖章后生效，但将“未获批准”设置为失效条件，若征收未得到批准，则协议失效。此外，还有1个省份将生效时点交由当事人自行约定。（详见表6-1）

① 参见上海市第三中级人民法院（2020）沪03行终59号行政判决书。
② 参见江苏省高级人民法院（2020）苏行终790号行政判决书。

表6-1 省级政府发布的预征补协议中的效力条款

地区	合同效力条款	合同性质
江苏省	本协议签订后,自征收土地申请依法批准之日起开始生效	附生效条件合同
云南省	本协议自双方签字、盖章后生效。协议签订后,征收土地尚需有批准权的人民政府批准,若批准的内容与本协议约定不一致,以批准内容为准;若征收土地未获批准,本协议自动失效	附解除条件合同
天津市	本协议于________年____月____日签订,由各方签字盖章,征收土地经批准后本协议生效	附生效条件合同
上海市	本协议甲乙双方需签名或盖章,并于该项目的征收土地公告发布之日正式生效	附生效条件合同
湖南省	本协议自甲乙双方签字盖章之日起成立。土地征收经依法批准并发布征收土地公告后,协议生效	附生效条件合同
广西壮族自治区(征求意见稿)	本协议壹式____份,甲方执____份,乙方执____份,丙方执____份(根据实际情况确定是否需要),自然资源行政主管部门执____份,自____起生效	自行拟定

综上,从司法实践来看,已约定生效条件的预征补协议一般会被认定为附条件合同,对于那些未约定协议生效条件的预征补协议则存在不同的观点。从已发布的合同示范文本来看,目前多数示范文本是通过在预征补协议当中附加条件(生效或解除条件)而将预征补协议的性质定位为附条件的合同,且多以征地申请获得批准或发布征地公告为条件的具体内容。

3. 预征补协议效力的学理纷争。与实践相对应,理论中对预征补协议也有不同的观点，除了上述所列司法和行政中的观点外，还存在预约合同说和批准生效合同说的观点。

预约合同说认为，签订预征补协议后，征收机关和拟被征收人之间便成立了预约合同，且该合同已经生效，而本约是在征地审批后当事人交付补偿款项的物权变动合同，且并非一定要另行签订征地补偿协议。①

批准生效合同说认为，土地征收行为获得行政机关的批准是预征补协议产生效力的法定条件之一，根据《行政协议若干规定》第十三条第一款和《民法典》第五百零二条第一款的规定，在征地准备阶段，预征补协议处于未生效状态。②

（二）预征补协议效力的厘定

上述观点从不同侧面反映了预征补协议的一些特性，因而都具有一定的合理性。但是要明确司法审查的标准，还需要通过梳理不同观点背后的法律依据和所呈现的法律效果，结合预征补协议的设置目的和实践要求来综合考虑。具体如下：

1. 效力待定说。效力待定说认为签订预征补协议的征地机关并无批准土地征收的权限，需等待具有审批权的上级政府批准，这种批准本质上是一种事后追认，与民法当中的效力待定合同的主要特征一致，在综合参考民法经验和公法属性的基

---

① 参见李显冬、王晓娜、唐晧曦：《征地补偿合同审批前之法律效力辨》，载《国土资源情报》2020 年第 1 期。

② 参见张启江、宋璐：《土地征收民主协商视域下的预征收补偿安置协议》，载《时代法学》2022 年第 5 期。

础上,预征补协议在未得到批准前处于效力待定的状态。[①] 对此,本书认为,就效力待定合同本身而言,效力待定合同是指由于法律规定的某种原因,合同既非有效,也非无效,其效力有待于第三人的确定或者某种客观因素的确定。[②] 因此,效力待定合同的效力需要经第三人确定。效力待定在我国现行法律规定中主要包括限制民事行为能力人所为不可独立实施的法律行为、未经本人同意的自己代理和双方代理、未经本人同意的转委托代理、(狭义的)无权代理,[③]上述合同主体因无权处分而使合同处于效力待定状态,有待于第三人同意。但在土地征收过程中,征收机关是根据《土地管理法》第四十七条的规定与拟被征收人签订预征补协议,其已获得法律授权,主体上并无瑕疵,不需要经第三方同意方可缔约,因此,二者不可类比。

2. 批准生效合同说。批准生效合同说依据《民法典》第五百零二条和《行政协议若干规定》第十三条的规定,认为预征补协议属于法律、行政法规规定的应当经过其他机关批准等程序后生效的行政协议。主要理由是:《土地管理法》规定的土地征收应当获得有权行政机关的批准,属于法律规定的强制性程序且该批准之规定应当属于强制性法律规定下的效力性规范,进而征地行为获得行政机关的批准也就是“批前协议”产

① 参见步兵:《论行政契约之效力状态》,载《法学评论》2006 年第 4 期。

② 参见李永军:《合同法》,中国人民大学出版社 2016 年版,第 125 页。

③ 参见李宇:《民法总则要义:规范释论与判解集注》,法律出版社 2017 年版,第 453 页。

生效力的法定条件之一。[①] 但这种观点也存在法律解释上的问题。

首先,根据《民法典》第五百零二条和《行政协议若干规定》第十三条的表述的适用对象是"法律、行政法规规定的应当经过其他机关批准等程序后生效"的行政协议。《土地管理法》第四十七条仅规定了行政机关需在申请征地前完成一系列准备工作,其中之一是与拟被征收人签订征地补偿安置协议。这些规定中并未有"征地补偿安置协议应经过其他机关批准等程序后生效"的同义表述。因此,对《土地管理法》第四十七条进行文义解释无法推出预征补协议须经批准方可生效的结论。

其次,批准生效合同审批的对象应是合同本身,[②]司法实践中也早已对合同批准生效和未经批准导致合同不能履行进行了区分。[③] 在土地征收程序中,批准的对象并非预征补协议。在征地审批程序中,上级政府只负责对征收土地的必要性、合理性、是否符合《土地管理法》规定的公共利益以及是否符合法定程序进行审查,不再审查县级以上地方人民政府作出征地补偿安置方案的具体内容。[④] 据此,预征补协议并非上级

---

① 参见张启江、宋璐:《土地征收民主协商视域下的预征收补偿安置协议》,载《时代法学》2022 年第 5 期。

② 参见杨永清:《批准生效合同若干问题探讨》,载《中国法学》2013 年第 6 期。

③ 参见陈克:《试论以批准为生效条件的合同——效力待定的视角》,载《北航法律评论》2012 年第 1 期。

④ 参见肖子文:《持续深化"放管服"改革　优化建设用地审批制度——新〈土地管理法实施条例〉系列解读之六》,载《资源与人居环境》2022 年第 3 期。

政府审批的对象,其效力状态也并非当然适用《民法典》第五百零二条和《行政协议若干规定》第十三条的规定。

3. 附条件合同说。附条件合同说将获得批准作为合同生效条件或者将未获批准作为合同解除条件,从而将政府批准与否作为决定合同效力的关键因素。这种观点的本质在于通过协议约定,将生效或失效的条件作为决定合同效力的依据,从而将合同效力纳入当事人意思自治的范围。附条件合同中对于所附之条件存在如下要求:条件需具有意定性,即条件是通过意思表示被设定为法律行为效力发生或者丧失之前提的事实,如果法律规定法律行为的生效以特定事实为前提,则不构成条件。[①] 根据《土地管理法》的规定,虽然征地行为获得批准是包括预征补协议在内的一系列土地征收行为得以继续履行的法定条件,但法律并未规定协议本身生效需经批准。因此,以征收行为是否经过批准为所附条件之内容,并未违反附条件合同中关于条件意定性的要求。故而在预征补协议附此条件的情况下,该说具有一定说服力,但其无法解释没有约定条件下预征补协议的效力问题。

4. 预约合同说。预约合同说看到了预征补协议协商性的一面,那就是在签订预征补协议时,土地征收机关可以探知拟被征收人的意愿,从而判断征收是否具有可行性,在此过程中,拟被征收人也可以借此协议全面表达自身意愿。[②] 加之预征

① 参见杨代雄:《民法总论》,北京大学出版社 2022 年版,第 413 页。

② 参见张启江、宋璐:《土地征收民主协商视域下的预征收补偿安置协议》,载《时代法学》2022 年第 5 期。

补协议本身是一项加强土地征收中公众参与的制度设计，[①]从表达征收意向和磋商的角度来说，预征补协议划入预约具有合理性。从效力角度讲，预约合同说采用必须缔约说观点，认为在征地准备阶段签订的预征补协议系预约，而在审批后双方必须缔结发生独立物权变动效力的本约。[②] 但是，从预约本身的法律效果和法律形式等方面来看，预征补协议与预约合同仍存在较大区别：

首先，预约的根本目的是订立本约。学理上预约与本约的最大区别在于预约要就将来达成本约达成合意。[③] 预征补协议当中是否存在一个将来订立本约的意思表示？对于这一问题，《土地管理法》和《土地管理法实施条例》都没有规定需要在审批通过后再行订立新的征地补偿安置协议。在实践中，目前已发布的征地补偿安置协议示范文本中也并未出现要在征地批准后另行签订征地补偿安置协议的表述。

其次，预约的法律效果之一是发生磋商或缔约的请求权，而预征补协议的当事人往往可以直接依据预征补协议请求对方给付。目前对于预约的法律效力存在以下三种主要观点：第一，强制磋商说，当事人签署预约后，承担诚信、公平磋商的义务；第二，强制缔约说，当事人签署预约后，不仅承担磋商的义务，还有必须达成本约的义务；第三，区分说，根据本约内容的

① 参见陈雪、吕少德：《土地征收法律中的公众参与机制研究》，载《中国土地科学》2022 年第 2 期。

② 参见李显冬、王晓娜、唐晧曦：《征地补偿合同审批前之法律效力辨》，载《国土资源情报》2020 年第 1 期。

③ 参见韩世远：《合同法总论》，法律出版社 2018 年版，第 196 页。

完整程度不同区别预约的效力，如果预约的内容只包含合同的成立内容要素，则当事人只需要继续磋商，如果预约的内容已经较为完整，则必须订立本约。[①] 就上述三种观点来说，磋商说无法与预约为订立本约的根本目的相契合，并且判断当事人是否妥善履行磋商义务在实践中存在难点。强制缔约说和区分说虽然存在分歧，但在具有完备合同内容的情况下还是形成了预约应发生强制缔约的共识。但是不管采用何种观点，当事人总是不能直接依据预约主张给付请求权。从已有的示范文本来看，土地征收机关往往在批准后直接依照预征补协议的条款内容来实现补偿安置。

最后，预约合同说在观念上将本约视为一个独立发生物权变动效果的合同的解释路径不利于司法实践的判断。在合同内部的形式和内容上，土地征收机关往往根据法律法规的规定提供具体完整的协议样本，并与当事人签订书面协议，可以说，此时预约已经具备了本约所应具备的所有内容条款。预约说在征地行为批准后将观念上发生物权变动效力的合同作为本约，且该本约的物权变动效力以预约所规定的内容为限。这种在形式上没有区别，内容上难以区分，而仅在观念上依据合同的效力将其区分预约和本约的解释路径不仅加深了司法实践区分预约和本约的难度，也难以为被征收人所接受。

5. 生效合同说。在前述观点中，生效合同说认为征地批准行为影响的只是协议的履行，不影响协议的效力，协议本身有

① 参见刘承韪：《预约合同层次论》，载《法学论坛》2013 年第 6 期。

效且已生效。对于这一观点，本书认为，其不仅符合《土地管理法》的规定，而且契合民事合同效力体系规则和实践做法，同时能保护拟被征收人利益，具体分析如下：

首先，生效合同说符合《土地管理法》的规定。现行《土地管理法》并未对预征补协议的效力作出特别限制，《土地管理法》第四十七条中也无法推出预征补协议须经上级人民政府批准方可生效的结论。因此，在无其他效力瑕疵的情形下，应当认可预征补协议的效力。

其次，生效合同说符合通行的民事合同效力体系规则。随着《民法典》等法律法规的出台以及司法解释的不断完善，目前，民事合同效力已经建立起相对齐备的规则体系。在这一体系中，受行政审批影响的合同效力可以区分为以下三种：第一种，合同本身需要办理法律、法规规定的批准方可生效，未经审批的合同效力为未生效，其法律依据为《民法典》第五百零二条；第二种，合同本身无须审批，但签订该合同的前置条件，如当事人的交易资质或从事特定行业的许可需要经过行政审批，未获审批合同可能因程序或者签约主体违法而无效，法律依据为《民法典》第一百五十三条；[①]第三种，合同本身无须审批，也无前置审批条件，但是合同约定的权利变动内容需要经行政审批方可发生，也就是行政审批直接影响合同的履行，预征补协议便属于这种情形。对此，理论上基于行政审批与合同效力区分的进路，认为行政审批仅影响合同履行，而合同履行与合同

① 参见刘贵祥、吴光荣：《关于合同效力的几个问题》，载《中国应用法学》2021年第6期。

效力是相区分的,因此行政审批与合同效力也是相区分的,未获审批并不影响合同效力。[①] 具体到预征补协议,该协议成立后便生效,而征地审批仅影响预征补协议所涉及的土地房屋等财产的物权变动是否能够实际发生。在征地未经审批的情况下,合同虽然有效,但其中设定的关于物权移转义务的履行由于缺乏法定要素而无法展开。这种思路在目前司法实践当中有关民事法律合同效力的认定过程中也得到了体现,如最高人民法院《关于适用〈中华人民共和国民法典〉有关担保制度的解释》第五十条规定,批准行为并不影响抵押合同效力,但是未经批准便无法办理抵押登记,影响抵押权成立。[②] 由此可见,这种区分行政审批和合同效力的方式已经为当下的民事合同效力体系所采纳。

最后,生效合同说有利于维护拟被征收人的合法权益。在生效合同说的解释路径下,合同依法成立后,土地征收机关有义务积极申请审批,以实现合同目的。土地征收机关怠于履行报批义务构成违约的,相对人可以依据《行政协议若干规定》主张自身权益,也可以请求法院参照民事合同法律规则维护自身权益。[③] 即使最终未获得批准,预征补协议仍然生效,但土地征收机关未获得批准使预征补协议当中约定的土地房屋以

① 参见蔡立东:《行政审批与权利转让合同的效力》,载《中国法学》2013 年第 1 期。

② 参见刘贵祥、吴光荣:《关于合同效力的几个问题》,载《中国应用法学》2021 年第 6 期。

③ 参见蔡立东:《行政审批与权利转让合同的效力》,载《中国法学》2013 年第 1 期。

及相应补偿安置事项的物权变动无法发生，也就无法实施后续土地征收行为。此时，征地补偿安置协议由于出现合同履行障碍，构成履行不能，合同目的无法实现，当事人可以参照《民法典》第五百六十三条或第五百八十条主张解除或向法院申请终止合同，同时要求违约方承担违约责任。

综上，在未将征收土地申请获得批准作为生效条件的情况下，将预征补协议的效力状态定位为生效合同，既能够与现行法律体系互恰，还可以充分保护拟被征收人的合法权益，促使行政机关重视行政协议的签订和履行。

（三）预征补协议相关问题的审查思路

上述观点背后法理依据的厘清，根本目的在于为预征补协议引发的各种争议的审查提供标准。实践中，由于预征补协议签订在先，征地审批在后，审判机关不仅需要回答征地机关未申请征收土地的责任认定问题，还需要解决诸如签约后未能征收、签约后提前征收的责任认定等问题。[①]

1. 签约后未申请征收的责任认定。签订预征补协议后，土地征收机关可能因整体签约比例未达标等原因而迟迟未进入报批环节。对此，拟被征收人是否可以依据预征补协议提起行政诉讼，在实践中存在不同的认识。有观点认为，在土地征收机关没有作出实质的征收决定，也明确表明在拟被征收人不同

① 参见袁荷刚、张彩霞、史阳阳：《集体土地征收“预征补协议”司法审查的实施路径》，审判体系和审判能力现代化与行政法律适用问题研究——全国法院第32届学术讨论会2021年获奖论文。

意的情况下，不会实施征收，预征收协议对签订双方暂不产生约束力，对拟被征收人的权利和义务不产生实质影响，应当驳回拟被征收人的起诉。[①] 但是，本书认为，预征补协议作为行政协议纳入行政诉讼受案范围后，法院应当受理，至少不应一概予以驳回。这不仅是因为从法律关系角度讲，预征补协议依法签订后即生效，对合同双方均有约束力，还因为预征收程序一旦启动，尤其是签订预征补协议后，拟被征收人的权利义务就有可能实质性地受到影响，如不当限制土地开发利用强度造成的损失、交易机会损失等。因此，应当允许拟被征收人就土地征收部门的未申请征地行为提出诉讼。

至于如何认定此种情形下土地征收机关的责任，本书认为，土地征收机关未履行报批义务属于违约行为，即使合同当中没有就报批进行约定，也是违反基于诚实信用原则的从合同义务的行为，具体责任承担可以依照《行政协议若干规定》第十九条的规定，分两步进行：第一步，先由预征补协议相对人请求土地征收机关继续履行报批义务，法院可判决土地征收机关继续履行申请义务，根据具体情况明确履行时间。第二步，在确实无法履行报批义务以及迟延履行报批义务导致无法实现合同目的时，可根据当事人请求，判决解除预征补协议，承担赔偿责任，赔偿范围主要为拟被征收人的信赖利益。理由是拟被征收人是基于对土地征收机关一系列前期征地准备行为的合理信赖而签订预征补协议，并据此进行相应的给付。由于土地

① 参见四川省资阳市中级人民法院(2019)川20行初16号行政裁定书。

征收机关迟延履行报批义务致使无法完成报批，预征补协议内容后续无法展开且协议目的无法实现，此时可参照适用《民法典》第五百六十三条和第五百六十六条，由被征收人解除预征补协议，同时主张恢复原状或采取补救措施，并向土地征收机关请求赔偿损失。至于赔偿范围，则应当考虑到预征补协议的行政性特点，按照信赖利益而非期待利益赔偿被征收人的实际损失和交易机会损失，使被征收人恢复到合同订立前的状态。之所以要按照信赖利益而非期待利益确定赔偿范围是因为：第一，赔偿的资金来源具有公共性，完全按照期待利益赔偿会间接损及纳税人的权益，赔偿数额需要进行相应调整；[①]第二，期待利益要求具有一定的确定性，即当事人需证明可以合理预见未来可以获得的利益，[②]而在征地申请尚未获批的情形下，土地征收都尚未开始，物权变动也未发生，根据“无征收则无补偿”的原则，当事人难以证明存在期待利益；第三，信赖利益赔偿也是违约损害赔偿的方式之一，是赔偿守约方因信赖有此合同而支出但因对方违约而浪费的财产的补偿方式，可以达到弥补被征收人的实际损失和交易机会损失的目的。[③]

2. 签约后未能征收的责任认定。实践中常常会出现预征补协议签订后，由于各种原因，土地征收机关的征收申请并未获得批准或者获得批准，但由于公共利益消失等原因，征收无

① 参见江必新：《行政协议的司法审查》，载《人民司法（应用）》2016年第34期。

② 参见王利明：《合同法通则》，北京大学出版社2022年版，第501页。

③ 参见崔建远：《合同法学》，法律出版社2015年版，第279页。

法进行的情形。[①] 此时就会出现土地征收机关是否应当承担相应责任以及若需承担相应责任,应当如何认定责任的具体内容等问题。对此,需要具体情形具体分析。

情形一:土地征收部门申请土地征收后未获批准。此时要区分两种情况:一是未获批准的原因是土地征收机关未履行法定程序等自身原因,这种情况下,一般而言,土地征收机关应当重新组卷再次申请,此时拟征收人若提起诉讼,法院应判决土地征收机关继续履行。二是未获批准的原因是审批时征收土地所必需的公共利益等实体要件消失,这种情况下,土地行为无法继续,土地征收机关无权实施征收行为,土地征收机关也就无法履行支付补偿款项的义务,因而构成合同履行上的障碍,系履行不能。此时,当事人可以参照《民法典》第五百六十三条或第五百八十条主张解除合同或向法院申请终止合同。至于合同终止后土地征收机关是否需要承担违约责任,需要重点考察是否存在不可抗力因素。如果不存在不可抗力因素,则违约一方需要在信赖利益的范围内承担违约责任。如果存在发生公共利益消失等属于当事人无法预见、无法克服,也不可归责于双方当事人的情形时,审批机关作出不予批准的决定,导致预征补协议履行不能,构成不可抗力,合同双方互相免负违约责任。[②] 但考虑到预征补协议的行政性特点,如果拟被征

① 参见袁荷刚、张彩霞、史阳阳:《集体土地征收"预征补协议"司法审查的实施路径》,审判体系和审判能力现代化与行政法律适用问题研究——全国法院第32届学术讨论会2021年获奖论文。

② 参见蔡立东:《行政审批与权利转让合同的效力》,载《中国法学》2013年第1期。

收人基于合理预期,已经为合同履行实施了相关行为,如清除附属物、放弃翻建房屋、缩小种植面积等,对于上述直接损失,法院可以依照公平原则判决行政机关予以适当补偿。

情形二:土地征收部门在获批之后由于公共利益消失、规划调整等客观原因停止征收。此时预征补协议履行不能,一般而言,此种情形中公共利益的消失属于不可预见、不能克服、不可归责于双方当事人的情形,构成不可抗力。此时双方当事人互相免负违约责任,已经给付的要返还,被征收人因此遭受的直接损失要予以适当补偿。只是基于"无征收则无补偿"的原则,土地征收机关此时承担责任的性质是基于预征补协议的有效性和合同履行的公平原则负有的相应责任,而非征地补偿安置职责。

3. 签约后未批先征的责任认定。土地征收机关在未得到批准的情形下便开始拆除房屋、支付款项、安置被征收人的案例在实践中大量存在,被征收人的合法权益可能在此过程中受损。就未批先征的具体内容而言,可以分为两类:

第一类是在未经批准前便强制收回、使用被征收人的土地和房屋等行为。此类行为实际上改变了土地、房屋的物权状态,根据《土地管理法》第四十四条、第四十五条和第四十六条的规定,集体土地转为城镇建设用地的,应依法办理农用地转用审批手续,并依法实施征收。据此,这一类行为缺乏征收的法定要件,侵犯了被征收人的合法权益,应当认定为违法,一般可通过确认违法之诉和赔偿之诉对被征收人予以救济。

第二类是在未经批准前双方自愿依照协议给付补偿款、安置被征收人、接收土地及房屋等行为。对此,作者认为,补偿安置协议中约定的征收机关的给付义务,本质上是《民法典》《土地管理法》及其实施条例所规定的土地征收过程中行政给付义务的具体实现方式,在征地申请最终未获批准的情况下,法律法规所规定的此种义务尚未最终确定,此时,尽管合同有效,但受"依法行政"原则的影响,征收机关的给付行为仍会因缺乏法律上的原因而陷入违法。对于被征收人而言,其自愿处分财产的行为自不存在违法问题,在该履行行为不影响补偿安置协议目的的实现,且不增加征收机关的义务的情况下,履行行为产生合同履行的法律效果。但如果合同义务的履行,需要相对方的接受方可完成,则该履行行为会因征收机关尚不具备接受履行的能力,而无法完成。此时,如果被征收人强行履行,则属于损害合同目的和债权人利益的行为,履行行为不产生合同履行的法律效果,且应承担相应的违约责任;而如果征收机关强行接受履行,该行为也将面临被确认违法甚或是被撤销的危险。

通过比较分析多种效力观点,可以发现,在未将征收土地申请获得批准作为生效条件的情况下,承认土地预征收阶段预征补协议的效力不仅更加切合当下法律体系,也为维护当事人合法权益提供了更加完善的保障,能够促使行政机关重视土地征收前的协商过程,慎重签订预征补协议,从而发挥预征补协议制度设计的效能。与此同时,司法审查中需要注意平衡行政协议的行政性和协议性,尤其是在责任认定方面,要特别注意行政协议本身的公益特性与民事违约责任相结合的问题。

四、预征补协议的变更问题

根据《土地管理法》对土地预征收工作的规定，在土地预征收过程中，有关部门会与被征收人就补偿、安置事宜签订协议。协议的签订，并不是土地征收工作进入尾声的标志，而是土地征收程序进入审批环节的开始。这意味着从协议签订至征收决定下达，其间，有可能会经历较长的时间。此外，在报批过程中，省、市人民政府还有可能对征地补偿安置方案作出调整。那么，地价、房价波动和征地补偿安置方案调整导致的征地补偿安置争议如何处理，显然是一个值得研究的问题。

《土地管理法》第四十八条第三款规定："征收农用地的土地补偿费、安置补助费标准由省、自治区、直辖市通过制定公布区片综合地价确定。制定区片综合地价应当综合考虑土地原用途、土地资源条件、土地产值、土地区位、土地供求关系、人口以及经济社会发展水平等因素，并至少每三年调整或者重新公布一次。"土地补偿费和安置补助费由征地区片综合地价确定，是2019年修正《土地管理法》的一个重要突破。根据上述规定，土地补偿和安置补助费不再通过年产值倍数的方法确定。区片综合地价是一种预设性标准，对特定区域内的不特定主体反复适用，因此它的刚性较强。这种刚性表现在两个方面：一是只要区片综合地价没有发生变化，原则上据此签订的补偿安置协议的相关内容也不应发生变化；二是如果征收决定下达后至协议实际履行前，区片综合地价发生改变，原则上应当依据新的区片综合地价，计算土地补偿费和安置补助费数额。

对于地上附着物、青苗以及住房和社会保障,《土地管理法》第四十八条第四款、第五款规定:“征收农用地以外的其他土地、地上附着物和青苗等的补偿标准,由省、自治区、直辖市制定。对其中的农村村民住宅,应当按照先补偿后搬迁、居住条件有改善的原则,尊重农村村民意愿,采取重新安排宅基地建房、提供安置房或者货币补偿等方式给予公平、合理的补偿,并对因征收造成的搬迁、临时安置等费用予以补偿,保障农村村民居住的权利和合法的住房财产权益。县级以上地方人民政府应当将被征地农民纳入相应的养老等社会保障体系……被征地农民社会保障费用的筹集、管理和使用办法,由省、自治区、直辖市制定。”据此,农用地以外的其他土地、地上附着物、青苗和社会保障的补偿安置,本也应有据可循,从而与农用地的土地补偿费、安置补助费的处理原则相同。但是,由于各地做法不统一,在没有对上述补偿标准作出细化规定,或者省级人民政府授权的部门没有进一步就此作出相关规定的情况下,上述项目的补偿安置就与被征收土地上的房屋一样,只能在具体项目中通过补偿安置方案和以此为依据签订的补偿安置协议予以确定。那么,对于这些双方合意形成的协议条款,被征收人是否可以要求变更呢?

对此,首先应当尊重双方达成的不违反法律禁止性规定的约定。在没有明确约定的情况下,被征收人一般只能依据《民法典》第五百三十三条“合同成立后,合同的基础条件发生了当事人在订立合同时无法预见的、不属于商业风险的重大变化，继续履行合同对于当事人一方明显不公平的，受不利影响的当事人可以与对方重新协商；在合理期限内协商不成的，当事人可以请求人民法院或者仲裁机构变更或者解除合同。人民法院或者仲裁机构应当结合案件的实际情况，根据公平原则变更或者解除合同”的规定，以继续履行补偿安置协议的相关条款“明显不公平”为由要求变更。此时，应当重点考察其主张是否符合“合同的基础条件发生了当事人在订立合同时无法预见的、不属于商业风险的重大变化，继续履行合同对于当事人一方明显不公平”的条件。显然，这里的重点是如何理解“无法预见”和“不属于商业风险”。

通常情况下，地价、房价等项目的涨落具有一定的可预见性，属于商业性风险。因此，单纯以土地、房屋价格涨落为由主张变更合同的，人民法院一般不予支持。但是，由于征收土地方案和安置补偿方案在报批过程中，各级审批部门可能会对方案作出调整，而这显然超出了被征收人可预见的范畴，因此，补偿安置协议签订后，履行完毕前，如果与征地申请一同批准的补偿安置方案发生变化，则协议当事人可以“情势变更”为由主张变更协议约定的补偿条款。此外，如果行政机关未能在合同约定的期限或者合理期限内履行协议约定的补偿安置义务，待履行时，补偿安置标准已经发生变化，此时继续按照原有的补偿安置标准对被征收人予以补偿，对于后者显然也属于“明显不公平”的情形，因此，对于行政机关拖延履行合同义务导致的“情势变更”，亦可参照前述理论，依据新的补偿安置标准对被征收人予以补偿安置。